Originalausgabe

Verlag: BoD • Books on Demand GmbH, In de Tarpen 42, 22848 Norderstedt
Druck: Libri Plureos GmbH, Friedensallee 273, 22763 Hamburg
ISBN: 978-3-8370-6877-1

BUDDHAS POLITIK

GRUNDZÜGE EINER ERWACHTEN POLITIK

Warum!?!

Buddhistische Politik ist das Letzte, woran spirituelle Sinnsuchende denken, wenn sie sich mit dem Buddhismus beschäftigen. Aber würden sie nicht in einem Land leben, indem es politisch erlaubt ist, den Buddhismus zu studieren und offen zu praktizieren, ohne Sanktionen vom Staat fürchten zu müssen, dann würden sie sich überhaupt nicht mit dem Buddhismus beschäftigen können. Das ist einer der Hauptgründe, weshalb es so wichtig ist, buddhistische Politik zu betreiben.

Der Zweite, vielleicht noch wichtigere ist, dass eine Politik, die sich wirklich an die moralischen Grundregeln des Buddhismus und seine Weisheit und Logik hält, die Welt positiv und allumfassend bereichern kann. Keiner mit fühlendem Herzen und wachem Geist kann etwas anderes sagen, außer dass die Welt seit Jahrhunderten ständig am Abgrund steht. Kriege, Seuchen und seit einiger Zeit sogar der Klimawandel verängstigen uns. Das sind nur die auffälligsten Probleme, die Tag aus Tag ein durch die Nachrichten geistern. Wenn wir weitersuchen, sind es noch viele mehr. Da fällt zuerst die Mangelernährung hunderter Millionen Menschen auf. Dann müssen wir uns eingestehen, dass all die vielen Versuche, die Sklaverei einzudämmen, dazu geführt haben, dass heute mehr Menschen in Sklaverei leben als jemals zuvor in der Geschichte der Erde. Sogar das Patriarchat ist wieder auf dem Vormarsch, mit fast neunzigtausend Femiziden pro Jahr und hunderten Millionen Frauen, die derzeit in einer Zwangsehe gefangen sind. Danach kommen noch die endlosen kleineren Problemfälle hinzu, wie die ausufernde Banden– und Cyberkriminalität.

Ich glaube, diese Welt braucht wirklich eine bessere Form von Politik. Denn all die genannten Probleme sind die Folgen der Politik der letzten hundert Jahre. Ich sage mit Bestimmtheit: Der Hauptgrund für den Zustand der Welt ist die Politik. Sie ist es, die unsere Erde gestaltet hat. Politik bezieht sich dabei auf die gesamte Bandbreite politischen Handelns, die weit über den Bereich der Arbeit in den Parlamenten und den Wahlkämpfen hinausgeht. Politik sind auch die Absprachen im Geheimen, die Arbeit hinter verschlossenen Türen, die Ortsgruppen, die Demos, die Spenden, die Werbekampagnen, die Wertevermittlung und vieles mehr.

Wir brauchen eine bessere Politik. Wir brauchen eine Politik, die sich an der Prajna und den Silas des Erwachten orientiert. Wir brauchen eine erwachte Politik! Eine solche Politik, das möchte ich hier unmissverständlich klarstellen, hat nichts mit der Woke-Bewegung oder woken Politik der USA zu tun. Die Woke-Bewegung in Amerika ist eine politische Bewegung, die untrennbar mit dem linken politischen Spektrum verbunden ist. Eine buddhistische Politik kann aus mehreren Gründen niemals links (noch rechts) sein. Zum Ersten sind es mindestens zwei Millionen Buddhisten und Buddhistinnen, die in den letzten Jahrzehnten von Linken ermordet wurden. Dabei sind die Zahlen schwer zu verifizieren, da die Linken Asiens bis heute eine ernsthafte historische Aufarbeitung verhindern. Ich persönlich glaube sogar, dass es weit über drei Millionen von Linken ermordete Buddhisten sind.

Schon aus diesem Grund kann die Politik erwachter BuddhistInnen niemals links oder woke sein. Aus moralischen Gründen darf sie das nicht. Denn es muss gesagt werden, dass was für die Juden (Holocaust) die Rechten sind, für uns Buddhisten die Linken sind.

Die politischen Katastrophen der letzten Jahrhunderte sind nicht einfach passiert. Sie sind von den politischen Handlungen der vielen politischen Verantwortungsträger ausgelöst worden. Hätten diese Politiker nach besseren und damit meine ich dezidiert buddhistischen Maximen gehandelt, dann wären diese Katastrophen mit hoher Wahrscheinlichkeit nicht passiert oder wären viel weniger katastrophal gewesen. Keiner, der das Gesetz von Ursache und Wirkung akzeptiert, kann das bezweifeln.

Wir brauchen eine buddhistische Politik, damit wir nicht weiter in der Spirale aus politischem Chaos und globalen Katastrophen gefangen bleiben. Natürlich wird das nur funktionieren, wenn diese Politik tatsächlich den Grundsätzen des Buddha Shakyamuni und nicht den sozialen Konventionen folgt. Das ist deshalb wichtig, weil es Länder gibt, in denen die Mehrheit buddhistisch ist und dennoch Politik betrieben wird, die unvereinbar mit den Maximen Buddhas ist.

Ist es falsch, sich eine bessere Welt zu wünschen? Nein, es ist richtig und wichtig. Wahrscheinlich tun es immer noch viel zu wenige. Wir brauchen einen Traum und es muss ein moralischer sein, solange Moral bedeutet, dass weniger Menschen Leid zugefügt wird und es sich nicht auf soziale Konventionen bezieht. Damit sind wir natürlich wieder mittendrin im Buddhismus. Denn das Kernelement von Buddhas Lehre ist der achtfache Pfad. Dieser Pfad soll dazu führen, das Leid loszuwerden. Beim zweiten Glied des achtfachen Pfades geht es um die Absicht, das Ziel, die Motivation oder den Wunsch.

Vor dem zweiten Glied kommt logischerweise das Erste. Beim ersten Teil des Achtfachen geht es um das richtige Sehen. Was bedeutet es, richtig zu sehen? Nun, richtiges Sehen bezieht sich hier nicht auf die Augen. Es geht um das geistige Sehen, also man könnte sagen um das Auge unseres Geistes. Der Sinn des ersten Gliedes ist es, unsere Welt so zu sehen, wie sie wirklich ist. Das klingt simpel. Aber es ist nicht nur eine anspruchsvolle Aufgabe. Es nicht zu schaffen ist einer der Gründe, weshalb so viele Vorhaben scheitern.

Wer die Welt nicht so sieht, wie sie ist, dessen Pläne werden wahrscheinlich scheitern. Denn er oder sie macht die Pläne auf der Grundlage dessen, wie er oder sie denkt, dass die Welt ist. Wie kann ein Plan, der für eine andere Welt gemacht worden ist, in unserer Welt funktionieren? Die Antwort des Buddhismus ist Weisheit. Dieses schöne Wort steht synonym mit dem Verstehen. Wer jetzt meint, das wäre schönes Gerede, hat aber mit der Realität nichts zu tun. Der könnte nicht mehr falsch liegen. Denn viele Menschen haben den Eindruck, dass sie die Politiker nicht mehr verstehen.

Auch ich habe oft das Gefühl, dass die Politik weltfremd geworden ist. Mit dieser Meinung bin ich nicht allein. Oft fühlt sich ein Großteil der Bevölkerung von gewissen Entscheidungen vor den Kopf gestoßen. Da die Politik ein inhärentes Momentum ist, ist es der Mehrheit dann auch nicht möglich, etwas dagegen zu tun. Was bezogen auf eine ernsthafte Demokratie, eine traurige Feststellung ist. Die Politik sieht die Welt ihrer Wählerschaft nicht so, wie sie ist. Ich glaube, sie wollen schon Politik für ihre Wähler machen. Doch es gelingt ihnen nicht, weil sie nicht weise genug sind, deren Welt richtig zu erfassen. Eben deshalb brauchen wir eine buddhistische Politik, die sich an dem orientiert, was der Buddhismus wirklich ist und das ist der achtfache Pfad.

Wir brauchen eine weisere Politik, der es gelingt, die Lebenswelt der Wähler und Wählerinnen besser zu erfassen. Die Weisheit wieder zu einem Teil der Politik zu machen, wäre eine Aufgabe buddhistischer Politik. In meinem Land waren die letzten Jahre geprägt vom linken und rechten Populismus. Dabei spielen rationale und logische Argumente immer weniger eine Rolle. In den Jahrzehnten davor war es deutlich besser und es war die politisch stabilste Zeit, die Europa seit Jahrhunderten erlebt hat. Die buddhistische Politik schlägt den Weg ein, der Weg vom nationalistischen und internationalistischen Populismus und hin zu einer Politik führt, die das Volk, das ja das wahre Gesicht des Demos ist, und seine Sorgen, Ängste und Bedürfnisse in den Fokus rückt.

Der Grund für die buddhistische Politik ist natürlich auch die schlechte Performance der aktuellen politischen Lager. Was uns dort auf der politischen Bühne geboten wird, ist ein Trauerspiel. Den ehemals noch großen Volksparteien gelingt es faktisch gar nicht mehr, politische Protagonisten hervorzubringen, die kompetent und integer sind. Dagegen hält der Buddhismus den Pfad der Tugend als einen der drei Teile des Buddha–Dharma.

Wir brauchen endlich wieder bessere Politiker und Politikerinnen. Bei dem, was in Europa derzeit den Ton angibt, verwundert es wenig, dass wir unsere Position auf dem Weltmarkt immer mehr einbüßen, als auch dass wir tatenlos zusehen mussten, wie eine eurasische Großmacht einen Angriffskrieg entfachte, der unsere Staatengebäude in ihren Grundfesten erschüttert hat. Ich prophezeie, dass wenn wir moralischere PolitikerInnen gehabt hätten, beides nicht passiert wäre. Deshalb brauchen auch wir in Europa (mehr noch in den USA und Asien) eine ethische buddhistische Politik. Sie kann uns vor den zukünftigen Katastrophen retten!

Das erste Glied von Buddhas Lehre ist das richtige Verständnis. Wer an dieser Stelle nicht begreift, dass das die Grundvoraussetzung ist, um richtige Entscheidungen zu treffen, soll den Text bitte zur Seite legen und noch einmal in die Grundschule gehen. Leider ist die Erkenntnis jedoch weniger verbreitet, als uns lieb ist oder der Welt guttut. Denn wenn ihr genau nachschaut, werdet ihr extrem viele Politiker finden, die ihre Entscheidungen aufgrund von Glauben treffen und nicht auf der Grundlage von Erkenntnissen oder ernsthaften wissenschaftlichen Studien. Das erklärt den Zustand der Welt ziemlich gut.

Nach dem ersten Schritt in Buddhas Lehre folgt der Zweite. Es ist die Absicht oder die Entscheidung. Ist damit jede Form von Entscheidung gemeint? Nein! Das bezieht sich primär auch nicht auf den Grad der Entscheidung. Erst in zweiter Instanz ist es im Buddhismus wichtig, diese Entscheidung absolut überzeugt zu treffen und ihr mit hundert Prozent zu folgen. Zuerst geht es darum, dass die Entscheidung auf Grundlage einer richtigen Erkenntnis getroffen wird. Nur dann ist es buddhistisch und nur dann ist es sinnvoll und heilsam.

Eine blinde Entscheidung ist zwangsläufig ein Akt der Dummheit. Sie bedingt in hohem Maß Gefahr und Instabilität. In der Hektik des politischen Alltags kann eine ad hoc Entscheidung unausweichlich sein. Aber erst, wenn sie auf der Grundlage von verifizierten Fakten oder buddhistisch ausgedrückt: Mit Weisheit getroffen wird, ist die Entscheidung das, was Buddha mit dem zweiten Glied seines achtfachen Pfades meint.

Die buddhistische Politik beginnt mit der umfassenden Analyse der Situation. Dadurch ist sie zwar anfangs jenen Politikern, die einfach nur aus dem Bauch heraus handeln, unterlegen, weil sie langsamer ist. Aber langfristig bringt sie eine Politik hervor, die weniger Leiden, Konflikte und Probleme erzeugt. Denn das tut zwangsläufig jede Politik, die nicht nachdenkt. Letzteres ist leider die Realität in vielen Parlamenten. Buddha lehrt uns, erst nachzudenken. Dann entscheiden wir uns für einen Weg und geben alles, was wir haben, um unser Ziel zu erreichen.

Das fünfte Glied

Im Westen gibt es die naive Einstellung, dass Buddhismus nichts mit Wirtschaft zu tun hat. Doch der Buddha hat ein Glied seines achtfachen Pfades explizit der Wirtschaft gewidmet und sie damit seit dem ersten Tag der Sangha zu einem zentralen Element des Dharma gemacht. Alle, die glauben, dass Buddhismus nicht dezidiert wirtschaftlich ausgerichtet ist, haben keine Ahnung vom Buddhismus!

Wir springen natürlich an dieser Stelle direkt zum fünften Glied, statt uns auch das dritte und vierte anzugucken. Aber für die Politik ist dieses Glied besonders relevant; möglicherweise ist es das wichtigste, um erfolgreiche Politik machen zu können. Sein Name in der alten Sprache Indiens lautet Samma Ajiva. Übersetzt bedeutet es „rechter Lebenserwerb" oder auch richtiger Lebensunterhalt. Es beschäftigt sich ausschließlich und explizit mit der wirtschaftlichen Frage, wie wir die immateriellen und materiellen Güter erlangen können, die wir zum Leben brauchen.

In der zweiten großen Strömung des Mahayana gibt es die Vorstellung von den Bodhisattvas. Das sind Menschen, die sich dafür entschieden haben, ihr Leben dem Dienst für die anderen Wesen zu widmen. Kurz gesagt, sie wollen denen helfen, die Hilfe brauchen. Stellen wir uns die Frage! Was hilft mehr: Ein Bodhisattva, der all sein Geld und Besitz den Bettelnden gibt oder ein Bodhisattva, der ein ökonomisches Modell entwickelt, mit dem viele zehntausend Menschen versorgt und ausgebildet werden können? Ich gehe davon aus, dass wir uns alle einig sind, dass der zweite viel mehr Gutes bewirken kann. Leider ist das in der buddhistischen Welt noch nicht angekommen. Es gibt sehr viele Ansätze, um karitativ zu helfen, also Armenspeisung oder den Aufbau von Waisenhäusern. All das ist gut. Aber abgesehen davon, dass es nur ein Tropfen auf den berühmten heißen Stein ist. Es folgt nur bedingt den Prinzipien aus Buddhas Lehre. Der zentrale Ansatz des Buddha war es, die Ursachen zu bekämpfen und dadurch die negativen Auswirkungen zu stoppen. Natürlich müssen wir die Armen versorgen und den Waisen ein Zuhause schenken, aber das ist immer nur die Behandlung der Auswirkungen und nicht der Ursachen.

Buddhas dritte edle Wahrheit besagt, dass die Ursachen des Leidens aufgehoben werden können und dadurch das Leiden aufgehoben wird. Was sind die Ursachen für die grassierende Armut? Nun, zuerst einmal sind es schlechte wirtschaftliche Systeme, die Armut bedingen. Es können auch schlechte ökonomische Ideologien sein. Etwa hat der chinesische Kommunismus im großen Sprung nach vorn durch eine wirtschaftliche Fehlentscheidung zwischen 15 und 50 Millionen Menschen umgebracht. Die Ursache dafür war ein menschenverachtendes Wirtschaftssystem.

Wir brauchen eine Wirtschaft, die zugleich Reichtum und Wohlstand garantiert und Ungleichheit verhindert. In meiner Heimat hat man das mehr als ein halbes Jahrhundert lang mit dem wirtschaftlichen System namens Ordoliberalismus, oder in seiner spezifisch deutschen Variante als den rheinischen Kapitalismus bezeichnet, geschafft. Kein Zweifel, dass es noch besser gehen muss, aber zumindest zeigt es ein Beispiel, dass zumindest in mittleren Maßstäben eine wirtschaftliche Ordnung etabliert werden kann, die gleichermaßen soziale Gerechtigkeit und Wohlstand garantiert. Das steht in keiner Weise im Gegensatz zum Buddhismus. Zwar ist es klar, dass die Mönche ein Armutsgelübde abgelegt haben, welches unumstößlich ist. Kein Mönch darf reich sein und in einem

Palast leben, ohne den Vinaya zu brechen; bei allem Respekt: auch nicht der Dalai Lama. Aber die Laien, also alle Menschen, die nicht ordiniert sind, dürfen reich sein oder es werden wollen, solange sie sich an die moralischen Grundsätze halten.

Anathapindika ist das berühmteste Beispiel eines sehr reichen Mannes, der ein tugendhaftes Leben im Sinne des Buddhismus gelebt hat. Dieser Händler soll der reichste Mann in Savatthi zu Lebzeiten des Buddhas gewesen sein. Natürlich war er bereits in eine Familie aus Händlern geboren worden, da das damalige Indien nach Kasten organisiert war. Sein Name lautete nicht von Geburt an Anathapindika. Geboren wurde er als Sudatta, aber er erhielt diesen Spitznamen, der so viel bedeutete, wie der, der die Armen speist, weil er ein großer Philanthrop war.

Der Händler Anathapindika vollbrachte sehr viele große Taten, weswegen er bis heute berühmt ist. Die bekannteste ist der Ankauf des Jetavana–Hains. Um diesen von einem Prinzen abzukaufen, musste er den ganzen Hain mit Goldmünzen auslegen. Es war sein großer Wunsch, dass Buddha die Lehre in seiner Heimat verbreitete, weil er glaubte, sie würde vielen Menschen helfen. Dafür war er bereit, ein sehr großes finanzielles Opfer zu bringen. Abgesehen von dem großen Vorbild, dass er zwangsläufig für viele buddhistische Händler geworden ist, führe ich dieses Beispiel natürlich an, um zu zeigen, dass im Buddhismus Reichtum sehr wohl positiv bewertet wird und es ein untrennbarer Teil des Laien–Buddhismus ist.

Was im Buddhismus verpönt ist, ist die Gier. Denn Buddha sagt, dass die Gier immer zu Leid führt. In diesem

Punkt ist er so eindeutig, dass er in manchen Texten die Gier als die Hauptursache für die Probleme der Welt bezeichnet. Das führt in der Konsequenz zu einem nicht–gierigen Umgang mit allen Geldmitteln und anderen Wertgegenständen. Viele Kritiker werden einwenden, dass es gar nicht möglich ist, reich zu werden, ohne gierig zu handeln oder reich zu sein, ohne gierige Anhaftung daran zu entwickeln. Ich glaube, sie liegen falsch. Natürlich ist es eine Herausforderung und nur mit einem gefestigten Charakter zu schaffen. Das aber ist eines der Hauptziele der buddhistischen Praxis: die Entwicklung eines starken und tugendhaften Charakters.

Kehren wir zurück zur Makroökonomie. Eine gute buddhistische Politik muss zu den zentralen Themen wie BIP, Arbeitslosigkeit, Produktkreisläufe, Handel und Geldpolitik Standpunkte entwickeln, die sich an praktisch tauglichen und moralisch eindeutigen Kriterien orientieren. Ich meine, wir haben eine große Entwicklung innerhalb der Wirtschaft hinter uns. Angefangen bei der Subsistenzwirtschaft und dem Merkantilismus, über die Neoklassik bis zum Neukeynesianismus. Diese Systeme zu kennen, sollte die Grundvoraussetzung für jegliche Entscheidung sein. Zwar müssen wir davon ausgehen, dass sich in Zukunft noch bessere Theorien und Modelle zur Gestaltung und Vorhersage der Ökonomien entwickeln, aber wir können immer nur mit dem arbeiten, was wir haben.

Der Buddha lebte in einer Zeit, die ökonomisch mit unserer nicht zu vergleichen ist. Selbst die ärmsten Bauern Indiens sind heute eingebunden in eine der größten

Weltwirtschaften der Erde und somit nicht mit den Bauern zu Buddhas Lebenszeit zu vergleichen. Was vergleichbar ist, ist, dass wir heute genauso wie die Menschen damals Bedürfnisse haben. Einige dieser Bedürfnisse sind lebenswichtig, andere sind reiner Luxus. Während für einen Mönch oder eine Nonne nur die rudimentären, dem Vinaya entsprechend akzeptabel sind, dürfen Laien sich frei ausleben, solange sie dadurch kein Leid verursachen.

So wie es eine Kriegswirtschaft gibt, die auf Gewalt und Unterdrückung setzt und die Menschen beraubt, wenn nicht sogar sie als Kanonenfutter an die Front schickt. So gibt es auch eine Friedenswirtschaft, die auf Kooperation, Fairtrade und Nachhaltigkeit setzt. Wie sehr wir die Zweite brauchen, zeigt uns der Klimawandel, der in erster Instanz die Folge einer gierigen Wirtschaft ist. Das Problem ist, dass selbst trotz des Klimawandels und der verheerenden Kosten, die er verursachen wird, immer noch zu wenige bereit sind, auf eine moralischere Wirtschaft zu setzen. Die buddhistische Ökonomie muss sich fragen, was die Gründe dafür sind? Wir Buddhisten glauben, dass wir Menschen von Natur aus gut sind. Es sind nur die Folgen der Verblendung, die uns die Dinge nicht richtig sehen und deshalb falsch handeln lassen. Was missverstehen die Leute, die nach den Jahrhunderten immer wiederkehrender ökonomischer Krisen immer noch nicht dazu bereit sind, einen besseren Weg einzuschlagen?

Die Ursachenforschung ist mehr als nur wichtig. Sie ist das Wesen des Buddhismus, denn sie ist der Kern der zweiten und dritten edlen Wahrheit, die das Zentrum des gesamten Buddhismus darstellen. Was sind die Ursachen für Armut und Reichtum? Erst wenn diese Ursachen identifiziert sind, lässt sich eine echte buddhistische Wirtschaftspolitik initiieren. Bisher können wir sagen, dass es vor allem Korruption ist, die Armut bedingt und dass es die freien (aber nicht unkontrollierten) Märkte sind, die Reichtum erzeugen. Das sind erste Ansätze, bei denen wir jedoch nicht vergessen sollten, dass eine buddhistische Wirtschaftspolitik in hohem Maß moralisch sein muss. Denn der Lehre Buddhas folgend, bringt nur tugendhaftes Verhalten echtes Glück hervor.

Diese Aussage steht im Widerspruch zu dem, wie die Welt der Reichen erscheint. Aber wer sich mit diesen Menschen näher beschäftigt, findet schnell heraus, wie viele von ihnen in psychologischer Betreuung sind, weil sie so unglücklich sind. Noch mehr sind ständig gereizt, gestresst oder aggressiv; also sie sind definitiv nicht glücklich. Dabei beweist Anathapindika und die Lehre des Buddha, dass glücklich und reich sein, zeitgleich möglich ist.

An anderer Stelle habe ich geschrieben, dass es die Hauptaufgabe der Politik ist, die Tische der Bevölkerung und die Auftragsbücher der Unternehmen zu füllen. An dieser Aussage hat sich nichts geändert. Wenn wir es nicht schaffen, eine Politik zu machen, die die Versorgungslage sichert oder verbessert, dann sollten wir lieber andere den Job machen lassen, die wissen, wie es geht. Denn dass es geht, zeigen viele der führenden Wirtschaftsmächte. Das Ziel der buddhistischen Politik ist es, die Menschen glücklich zu machen. Dazu zählt, dass wir ihnen genügend Lebensmittel, Medizin und die vielen anderen privaten

Konsumgüter besorgen. Abgesehen davon, dass das essenziell ist, um die öffentliche Ordnung und damit das Funktionieren des Staates aufrechtzuerhalten. Wir können den Menschen nicht die Tiefen des Dharma vermitteln, die sie dazu befähigen sollen, auch die tiefsten und subtilsten Ursachen für Leiden aufzuheben, wenn wir ihnen vorher nicht die Bäuche füllen.

Daneben und fast gleichrangig mit dem Volk stehen die Unternehmen. Sie sind die Basis einer funktionierenden Wirtschaft. Sie schaffen Arbeitsplätze und geben den Menschen dadurch Hoffnung und Sinn im Leben. Kein Politiker kann eine Politik gegen die Konzerne machen. Diese Aussage wird manchen schwer aufschlagen. Aber ihre Bedeutung ist einfach zu groß. Allen Kritikern solch eines Ansatzes sei gesagt, dass es natürlich nicht darum geht, krumme Geschäfte, Umweltverschmutzungen und Verletzungen der Menschenrechte zu dulden. Ich lebe unter dem Ordoliberalismus und halte ihn für einen guten Ansatz. Dieses Wirtschaftskonzept schafft sowohl gute Bedingungen für Unternehmen, begrenzt aber gleichzeitig schädliche ökonomische Unternehmungen.

Ein buddhistischer Guru, der glaubt, die Menschen würden sich für die Tiefe des Dharma interessieren, bevor sie finanziell abgesichert sind, besitzt nicht genügend praktische Weisheit. Natürlich gibt es ein paar wenige mit großer Einsicht, die intuitiv verstehen, um wie viel kostbarer die Lehre des Buddhas als alles Geld der Welt ist. Um diese Minderheit brauchen wir uns nicht gesondert zu kümmern. Denn sie sind sowieso zwangsläufig dafür prädestiniert, dem Vinaya in die Ordination zu folgen und ein Armutsgelübde abzulegen. Aber die Mehrheit der Menschen wird sich erst dann dem Dharma des Buddha zuwenden, wenn wir oder besser gesagt, die buddhistische Politik es schafft, gute Rahmenbedingungen zu schaffen.

Fassen wir noch einmal zusammen: Dem Buddha war die Wirtschaft so wichtig, dass er ihr ein einzelnes Glied in seiner Hauptlehre, dem achtfachen Pfad, gewidmet hat. Die naive Vorstellung, dass der Buddhismus nichts mit Geld, Ökonomie und Handeln zu tun hat, widerspricht dem achtfachen Pfad und zeigt das Unverständnis jedes Menschen, der sich so äußerst. Eine gute Wirtschaft ist buddhistisch, denn das heißt Samma Ajiva. Dieses Samma lässt sich natürlich auch als vollkommen, heilsam oder richtig übersetzen. Im Deutschen wird es traditionell als rechter Lebenserwerb übersetzt, was meiner Meinung nach nur bedingt zeitgemäß, aber dennoch voll akzeptabel ist. Der Unterschied zwischen einer guten oder schlechten Wirtschaft ist das entscheidende Kriterium, das eine dezidiert buddhistische Wirtschaft ausmacht.

Was gut und schlecht ist, bleibt immer relativ. Eine gute Wirtschaft vor hundert Jahren wäre heute keine gute Wirtschaft mehr. Eine gute Wirtschaft heute wird hoffentlich keine gute Wirtschaft in hundert Jahren sein, weil wir uns dann moralisch und ökonomisch verbessert haben sollten. Das hat viel mit Anicca, dem Konzept der Unbeständigkeit, zu tun. Denn in der Welt steht tatsächlich nichts still. Alles verändert sich und zwangsläufig vergeht auch alles. Das galt auch für die physio–psychischen Existenzbedingungen des Buddha und wie er lehrte, auch für alle möglichen Formen von Göttern oder Göttinnen.

Die Wahrheit ist, dass Anicca unumstößlich ist. Zugleich lässt sich das Maß der Veränderungen vorhersehen und so bewusst beeinflussen. Wir können natürlich auch nichts tun und zum Opfer der Umstände werden. Aber das Einzigartige an unserem menschlichen Geist ist, seine Fähigkeit zu planen, wodurch wir langfristig die Umstände beeinflussen und zu unseren Gunsten beeinflussen können. Sehen wir uns die Jahrhunderte an, in denen wir Menschen von einer Hungersnot zur nächsten rannten und es keine der heute so effizienten Medikamente gab und Menschen schon an kleinen Fieberanfällen sterben konnten, dann sehen wir wozu unser Geist möglich ist. Er kann sehr viel Gutes tun!

Das ist das Ziel der buddhistischen Wirtschaftspolitik: Die Rahmenbedingungen zu schaffen, damit sich eine gleichermaßen effiziente, profitable und altruistische Wirtschaft entwickeln kann. Dieses Ziel ist groß, trotzdem diskutiere ich hier nicht, ob es möglich ist. Es muss möglich sein, auch wenn es sehr weit von unserer heutigen Realität entfernt zu sein scheint. Wahrscheinlich wird es über Stufen geschehen, sodass wir durch einen komplexen Prozess aus reflexiver Planung und Versuchs und Irrtums Schritten zu diesem Ziel gelangen. Wer sich allerdings an den Disput zwischen Tsongkhapa und dem tibetischen Stufenweg und Hui Neng und dem plötzlichen Erwachen im Zen oder Chan erinnert, kann auch glauben, dass wir nach langer Anstrengung, einfach so zu dieser höheren Art des Wirtschaftens durchstoßen können.

Ich hoffe, dass ich mit diesen Zeilen vielen Laien die Augen geöffnet habe und sie begreifen, dass der Buddha seit seiner ersten Lehrrede der Ökonomie eine besonders wichtige Bedeutung gegeben hat. Was spricht gegen neue buddhistische Unternehmen? Einige wenige Beispiele buddhistischer Unternehmensberatungen gibt es schon. Auch gibt es einige wenige, teilweise sehr gute Texte, Artikel und Monographien, die sich mit dem Thema der buddhistischen Wirtschaftsweise auseinandersetzen.

Buddha hat mit dem fünften Glied, die Ökonomie fest in seinem Dharma verankert. Jeder Versuch, den Buddhismus als ein wirtschaftsfreies Lehrsystem darzustellen, leugnet die Wahrheit des achtfachen Pfades als Hauptsäule des buddhistischen Heilpfades. Ohne den Bereich der Wirtschaft zu meistern, kann keine erwachte Gesellschaft entstehen und vielleicht hat es bisher kein buddhistisches Land geschafft, die Lehre des Dharma auf hohem Niveau zu etablieren, weil sie zu wenig Wert auf die Wirtschaft gelegt haben. Wir haben die Chance, das zu ändern. Wäre es nicht schön, in einer erwachten Gesellschaft zu leben, die frei ist von den vielen kleinlichen Problemen und Vorurteilen unserer heutigen Zeit?

Eine buddhistische Armee?

Dieses Thema ist natürlich mit Sprengstoff versehen. Gerade die Konvertiten aus den als westlich bezeichneten Regionen werden so etwas, wie eine buddhistische Armee kategorisch ablehnen. In den Ländern des Ostens, in denen der Buddhismus die größte Religion ist, würde eine Umfrage zu dieser Frage ganz anders ausfallen.

Die Schätzung sagt, dass etwa 1,2 Millionen Tibeter von den roten Chinesen seit der Besatzung umgebracht worden sind. Eine genaue Zahl ist schwer zu bestimmen; vor allem, weil die chinesischen Kommunisten bis heute verhindern, dass diese Verbrechen historisch aufgearbeitet werden. Ähnliches gilt für die Opfer der Kulturrevolution. Auch in Vietnam, Korea und anderen asiatischen Ländern haben die antireligiös eingestellten Kommunisten gewütet und sehr viele Buddhisten ermordet.

Kommunisten sind nicht die Einzigen, die gewalttätig oder militärisch gegen Buddhisten vorgegangen sind. Vor den Kommunisten waren es in Asien vor allem die europäischen Christen, die gegen den Buddhismus gewalttätig vorgegangen sind. Das war das Zeitalter des Kolonialismus und Imperialismus. Gucken wir uns die gut dokumentierte Gewalt in Afrika und den Amerikas an, mit der sie gegen Einheimische vorgegangen sind, müssen wir davon ausgehen, dass auch Buddhisten ermordet worden sind. Selbst im kleinsten möglichen Fall werden es Zehntausende gewesen sein. Allein der Boxeraufstand als Aufstand gegen die christliche Besatzung Chinas soll hunderttausend Menschen das Leben gekostet haben, von denen sicher ein zweistelliger Prozentsatz buddhistisch gewesen war.

Der Buddhismus ist in Indien nicht einfach verschwunden oder ausgestorben; er wurde final vom Islam ausgelöscht. Bis heute versuchen Islamisten gezielt die Buddhisten zu ermorden, wie Bombenanschläge auf die buddhistischen Tempel in Bodhgaya beweisen. Wer es nicht weiß: Bodhgaya ist der Ort, an dem Buddha unterm

Bodhibaum Erleuchtung erlangte. Bis heute wird er von Muslimen bedroht.

Verlässliche Zahlen sind leider schwer zu bekommen, während in den westlichen Staaten alles versucht wird, um Ereignisse historisch aufzuarbeiten, versuchen die Autokratien im Osten das konsequent zu verhindern. Neben der einen Million getöteter Buddhisten in Tibet schätze ich, dass die Gesamtzahl von durch die Linken umgebrachten Buddhisten wahrscheinlich bei über drei Millionen liegen dürfte. Ebenso wenig gibt es eine genaue Zahl, wie viele Buddhisten von den europäischen Christen getötet wurden. Angesichts der massiven Gewalt der Christen gegen Indigene, die in anderen Erdteilen gut dokumentiert ist, sollten wir von hunderttausend Getöteten oder deutlich mehr ausgehen.

Ich habe vor einiger Zeit einen sehr patriotischen Artikel eines Inders gelesen. Darin behauptet er, dass über achtzig Millionen Hindus von Muslimen seit dem Beginn der muslimischen Angriffe ermordet worden sind. Wie wahr ist diese Zahl? Ich weiß es nicht. Aber sie gibt uns eine Vorstellung von der riesigen Dimension der Gewalt. Wie grenzenlos menschenverachtend diese Gewalt bis heute ist, zeigt ein Fall, der jüngst durch die Medien geisterte. Da wurden sechs Friseure in Pakistan ermordet, weil sie Bärte rasierten. Dies widersprach angeblich den Regeln des Islam. Jetzt müssen wir uns fragen, wie viele Buddhisten von solchen Fanatikern in dieser Region ermordet wurden? Waren es Hunderttausend oder Millionen? Viel wichtiger ist die Frage, wie viele Muslime bis heute glauben, Muslime zu sein, weil ihre Vorfahren Muslime waren, obwohl ihre Vorfahren unter brutaler Androhung der Todesstrafe dazu gezwungen wurden, Muslime zu werden und deren Vorfahren eigentlich Buddhisten waren?

Wer kann nach dieser nur exemplarischen Aufzählung von gerichteter Gewalt gegen Buddhisten noch glauben, dass wir (Laien–) Buddhisten und Buddhistinnen uns nicht schützen sollten? Das Beispiel Indiens und Tibets zeigt, dass der Buddhismus nicht überleben kann, wenn er nicht bereit ist, sich gegen Gewalt zu schützen. Natürlich gilt das nur für die Nicht–Ordinierten. Ein Mönch oder eine Nonne hat symbolisch den Stock abzulegen und damit jede Form von Waffe oder Kampfhandlung. Sosehr ich die Mönche des Shaolin-Klosters verehre, es bleibt die Frage, ob ihre Praxis eine fundamentale Verletzung des Vinaya ist?

Ein Land ohne ein Mindestmaß an Ausgaben fürs Militär ist auch heute noch davon bedroht, von einer fremden Militärmacht überfallen und annektiert zu werden. Dies gilt vor allem für autokratische Systeme. Zwar hatten wir vor dem Ausbruch des Kriegs in der Ukraine gehofft, dass das außer in einzelnen Ausnahmen nicht mehr die globale Realität ist. Aber die eiskalte Wirklichkeit hat uns eines Besseren belehrt. Seitdem versucht gefühlt jeder kleine Diktator seinen Einflussbereich militärisch auszudehnen.

Ich rede definitiv nicht von irgendwelcher Guerilla, sondern ich rede von einer ordentlichen staatlichen Wehr, die sicherstellen kann, dass Buddhisten nicht ermordet werden, nur weil sie Buddhisten sind. Da draußen gibt es Kommunisten und Islamisten und nach den historischen Erfahrungen können wir nur zu dem Schluss kommen, dass wir uns vor ihrer Gewalt schützen müssen. Ein altes buddhistisches Sprichwort sagt, dass wenn dein Mitgefühl nicht auch dir gilt, dann ist es kein Mitgefühl. Wir schätzen unser Leben. Wir können nur den Pfad des Dharma vervollkommnen, wenn wir sicher vor Gewalt sind. Die kommunistische Partei Chinas hat nicht nur in Tibet gewütet, sondern auch tausende buddhistische Tempel und Klöster in China zerstört und sicher ähnlich viele Menschen in Lager verfrachtet und umgebracht, weil sie buddhistisch waren, wie in Tibet.

Samsara ist gefährlich. Das hat uns der Buddha gelehrt. Auch sein eigenes Volk der Shakya musste Krieg und Unterdrückung erfahren. Wir sind in Samsara niemals sicher. Dennoch gibt es Ursachen, die zumindest für relative Stabilität und bedingten Frieden sorgen. So hart diese Erkenntnis ist, dazu zählt auch eine gut ausgerüstete Armee. Ich wünschte, es wäre nicht so. Aber ich weiß, würde mein Land seine Armee aufgeben, würden schon morgen die Fundamentalisten starten, uns zu bekämpfen, um ein viertes Reich zu errichten.

Es gibt eine berühmte Geschichte aus den früheren Leben des Buddha, die uns im Palikanon überliefert ist. In einem seiner früheren Leben hatte der Buddha eine Reise auf einem Schiff mit fünfhundert Händlern gemacht. Dabei bekommt er mit, dass einer dieser Händler die anderen Händler töten will. Buddha steht vor einem Dilemma. Tut er nichts gegen diesen Händler, wird er fünfhundert unschuldige Menschen ermorden. Da es keine andere Möglichkeit gibt, um diese Leute zu retten, tötet er den Händler, der die anderen ermorden wollte. Besonders im

Mahayana Buddhismus ist diese Jataka Geschichte sehr kontrovers diskutiert worden. Stellen wir uns vor, wir träfen auf Hitler, Mao Tsetung oder Putin, bevor sie ihre Massenmorde begangen haben, aber wir wüssten, dass sie sehr viele Menschen brutal ermorden werden. Was würdest du tun?

Natürlich geht es nicht darum, jetzt eine buddhistische Armee auf die Beine zu stellen. Das liegt schon daran, weil kein freies Land oder eine Demokratie eine Staatsreligion haben kann. Sobald es eine Staatsreligion hat, ist es automatisch eine fundamentalistische Autokratie und alle Bewohner fremdbestimmt und unterdrückt. Doch es geht um die Frage, ob ein Buddhist, eine Buddhistin oder Buddhistische aus dem LGBTQI+ Spektrum der Armee beitreten können, ohne befürchten zu müssen, dass sie ihre buddhistische Religion verraten?

Vorweggenommen: Ja, das dürfen sie. Einer Armee, die für das Gute kämpft, was etwa die Menschenrechte oder eine demokratische Republik sein können, darf man beitreten, ohne die buddhistische Lehre zu beschmutzen. Natürlich muss hier direkt eine Einschränkung gemacht werden. Der Buddha sagt eindeutig, dass der beste Weg darin besteht, in die Hauslosigkeit zu ziehen und Mönch oder Nonne zu werden. Erst wer diesen Schritt gemacht hat, folgt dem Buddha voll und ganz. Habe ich diesen Schritt (bisher) gemacht? Nein! Auch ich lebe als Laie im Haus in einer Ehe als berufstätiger Vater. Für jemanden wie mich hat der Buddha auch gelehrt. Wir dürfen definitiv an allen weltlichen Dingen teilnehmen, solange wir uns an die Silas halten. Darum darf ich mit Buddhas

Segen einer moralischen Armee beitreten, welche die Menschen vor gewalttätigen Bewegungen wie dem Kommunismus oder dem Islamismus schützt. Denn nach den historischen Erfahrungen müssen wir davon ausgehen, dass diese Bewegungen genauso wie der nationalistische Faschismus immer dazu tendieren, brutale Gewalt zu säen oder sogar Kriege zu starten.

Weder möchte ich hier Menschen dazu aufrufen, der Armee beizutreten, aber ich will auch niemanden davon abhalten, der bereit ist, sein Leben für die Freiheit und Rechtsstaatlichkeit zu riskieren. Die Welt braucht Mutige, die sich den vom Hass getriebenen entgegenstellen. Dass es Hass gibt und dass dieser Hass Leid erzeugt, ist eine Grunderkenntnis des Buddhismus. Was glaubt ihr, was dieser Hass mit Einzelnen oder einer Gruppe macht? Er macht sie zu Mördern und natürlich auch Mörderinnen, obwohl die Vergangenheit zeigt, dass vermehrt Männer morden. Die Rekordzahl von neunzigtausend Femiziden im letzten Jahr beweist diese Realität. Da die Mehrheit dieser Frauenmorde im Umfeld der Familie stattfand, ist es natürlich gut, wenn ein Buddhist Polizist oder Polizistin wird, um die Unschuldigen vor Räubern, Diebinnen und Vergewaltigern zu schützen.

Auch wenn ich nicht die asiatische Sicht teile, dass Mahayana und Hinayana verschieden sind, sondern fest davon überzeugt bin, dass alle buddhistische Gruppen verbunden sind. So wird ganz besonders im Mahayana betont, dass es wichtig ist, den anderen zu helfen und sie zu beschützen. Was bietet sich da mehr an, als Polizistin, Feuerwehrmann oder Soldat zu werden?

Das Fazit ist simpel. Wenn wir nicht bereit sind, uns zu verteidigen, dann werden wir enden wie die Buddhisten Tibets oder wie die vielen Buddhisten, die von Muslimen ermordet oder zwangskonvertiert wurden, als der Islam ihre Heimat unterworfen und kolonialisiert hat. Diese Welt wird von Gier und Hass angetrieben. Keiner ist in ihr sicher. Dennoch gibt es Mittel und Wege, sich vor Gewalttätern zu schützen. Von dieser Binsenweisheit muss ich hier hoffentlich niemanden überzeugen. Wenn wir wollen, dass der Dharma blüht und allen Menschen die Chance gibt, sich von ihrem Leiden zu befreien, dann müssen wir den Buddhismus vor denen schützen, die ihn zerstören wollen.

Umweltpolitik

In Frankreich lebte ein vietnamesischer Exilant, der dieses Thema sehr ernst genommen hat. Er hat die Maximen eines engagierten Buddhismus verbreitet. Wer tiefer in die Geschichte des Buddhismus einsteigt, wird feststellen, dass es solche Bewegungen immer gegeben hat. Es ist nur in Vergessenheit geraten, weil die europäischen Christen diese Bewegungen zerstört und ihre Existenz vergessen gemacht haben. Wir sind Teil der Natur. Diese Natur ist zuerst immer Samsara, aber sie hört nicht nach dem Erwachen auf, Natur zu sein. Dann kommt die erleuchtete Natur unserer Umwelt zum Vorschein.

Trotz der Folgen der letzten Pandemie, den aggressiven Machtbestrebungen Russlands und Chinas, der Inflation und der kriselnden Wirtschaften scheint das Problem des Klimawandels das größte Problem unserer Zeit zu sein. Bisher haben wir kaum Lösungen gefunden und alle Ansätze scheiterten leider an dem Gegenwind mächtiger Lobbys. Aus buddhistischer Sicht würden wir die Wechselwirkung des Inneren mit dem Äußeren als Ursache dieses Problems beschreiben. Kurz gesagt, würde der Buddhismus den Klimawandel auch als von Menschen verursacht betrachten, aber er würde als Hauptursache die inneren Winde bezeichnen und nicht das übertriebene Konsumverhalten, die Industrien oder die Abgase. Diese würde er als die sekundären Ursachen bezeichnen, die dementsprechend aus den primären Ursachen entstanden sind.

Die beiden Hauptursachen für den Klimawandel sind Gier und Unwissenheit. Dass Gier den Klimawandel bedingt hat, wird jedem intuitiv einleuchten. Wir fressen quasi den Planeten auf. Anders gesagt, wir verbrauchen mehr Ressourcen, als wir uns leisten können. Weil wir immer mehr und immer schneller wollen, schlingen wir alles in uns rein, was wir in die Finger bekommen. Ob das Hummer und Kaviar sind oder Autos, Aktien und Diamanten, die von Kleinkindern geschürft wurden, ist egal. Wir wollen so viel, wie wir kriegen können. Wer sich keine Immobilien und Luxusautos leisten kann, greift stattdessen auf billigen Alkohol und Zigaretten zurück.

Unser Konsum hat ein solches Ausmaß erreicht, dass er sich negativ auf das Klima auswirkt. Wer nachvollzieht, wie viele Ressourcen nötig sind, um ein großes Steak zu produzieren, wird daran nie wieder einen Zweifel haben.

Es sind nicht nur fast zehntausend Liter Wasser und ein Dutzend Kilo Futtermittel, dazu kommen noch die Entwicklung der Treibhausgase beim Produktionsprozess und das Land. Dem schließen sich die Ressourcen für den Vertrieb an. Der französische Vietnamese schreibt in einem seiner Bücher, dass wenn die Menschen in den westlichen Ländern auf die Hälfte ihres Alkohol–und Fleischkonsums verzichten würden, es damit möglich wäre, die ganze Erde zu ernähren. Wer die enorme Fettleibigkeit und die negativen Auswirkungen der vielen Alkoholsüchtigen kennt, der weiß, dass der Westen dabei wahrscheinlich am meisten an Lebensqualität zurückgewinnen würde.

Ich weiß, dass die Modelle, Studien und praktischen Versuche zeigen, dass eine ökologisch nachhaltige Lebensweise ein Gewinn für alle wäre. Auch für einen selbst, sobald man sich daran gewöhnt hat. Aber das ist der große Stolperstein: die Gewohnheitsenergie. Von einigen buddhistischen Gelehrten wird sie als die größte Macht bezeichnet. Wir sind gekettet an unsere Gewohnheiten. Natürlich ist das auch eine Form von Gier und die Unfähigkeit, sich von den ungeliebten Gewohnheiten befreien zu können, ist eine Form von Unwissenheit.

Die Quellen sind ein bisschen widersprüchlich. An der einen Stelle ist überliefert, dass Gier die Hauptursache für Leiden ist. An einer anderen Stelle wird gesagt, dass der Hauptgrund für das Leiden die Unwissenheit ist. Zusammengefasst lehrt Buddha, dass Gier, Hass und Unwissenheit die Ursachen für alle Probleme sind. Sie sind auch die wahren Ursachen des Klimawandels.

Der Weg der buddhistischen Politik, um die Umwelt zu

schützen, ist dreifach. Zuerst können Buddhisten ganz klassisch mit demonstrieren, aufklären oder Petitionen unterschreiben. Als Zweites können sie enorm viel Zeit, Energien und Weisheiten investieren, um Techniken, Wirtschaftsformen und Kulturen mitzuentwickeln, die unsere ökologischen Grundlagen nicht zerstören und was noch besser ist, die sie schützen und resilienter machen. An dritter Stelle steht der Buddhaweg an sich. Hier unterscheidet sich der Buddhismus meines Wissens von allen anderen Ansätzen gegen den Klimawandel.

Der gute Buddhist* protestiert natürlich gegen die Umweltzerstörung und er beteiligt sich an der Verbreitung von Techniken, die nicht die Natur zerstören, aber er setzt sich auch hin und meditiert, um sich zu verändern. Neben der Meditation kommen dabei natürlich auch noch das Studium buddhistischer Texte und die Silas hinzu. All das zielt darauf ab, zu einer Person zu werden, die durch ihre Worte, Gedanken und Taten kein Leiden mehr verursacht.

Nehmen wir ein Stück leckeren Kuchen. Es ist möglich, diesen Kuchen mit Gier oder ohne Gier zu essen. Jede:r von uns versteht, wie einfach es ist, das Stück gierig runterzuschlingen. Das Süße überzeugt uns sofort davon, dass das richtig ist. Denn unser Körper belohnt uns sofort mit einem angenehmen Gefühl. Also, was sollte daran falsch sein? Nun, wenn wir zehn Stück Kuchen gegessen und Bauchschmerzen bekommen haben oder wenn wir das regelmäßig tun, fett werden und uns traurig fühlen, weil wir fett geworden sind, dann verstehen wir, was daran falsch ist.

Wir können das Stück Kuchen auch achtsam und voll

Dankbarkeit essen. Ich habe früher öfter bei Übungen mitgemacht, wo wir lernten, im buddhistischen Sinn achtsam zu essen. Das Gefühl dabei ist viel intensiver und tiefer, als wenn ich den Kuchen einfach runterschlinge. Auch die Dankbarkeit entspricht dem buddhistischen Ansatz. Wir sind dankbar, das Glück zu haben, ein solch köstliches Stück Kuchen zu besitzen. Das Gefühl der Dankbarkeit erzeugt meiner Erfahrung nach immer ein positives Gefühl. Dieses kommt dann zu dem köstlichen Geschmack des Kuchens obendrauf, wir haben also ein deutlich besseres Gefühl, als wenn wir es nur emotionslos runterschlingen.

Wer glaubt, es wäre mit demokratischen Mitteln möglich, eine Degrowth-Stratgie, also eine Reduktion der Wirtschaftsleistung, durchführen zu können, um den Klimawandel zu stoppen, hat nicht verstanden, wie die menschliche Natur ist und wie unsere Kultur funktioniert. Der letztendlich einzig realistische Weg, falls man nicht auf diktatorische Gewalt zurückgreifen will, um eine Wirtschaft zu erschaffen, die nicht die Umwelt und unsere Lebensgrundlage zerstört, ist der Green Growth oder das grüne Wachstum. Auch das ist ein sehr intensiver Prozess und unser großes Problem ist, dass uns die Zeit wegläuft.

Doch warum sollte es nicht möglich sein oder anders gesagt, warum sollte nicht eine buddhistische Bewegung entstehen, die sich ganz auf die Entwicklung ökologisch nachhaltiger Technologien spezialisiert hat, um damit den Klimawandel in einem für uns Menschen erträglichen Maß zu stabilisieren? Was lehrt uns der Buddha, wenn nicht Weisheit? Weisheit hat nichts mit Puja, Blumenopfern oder netter Atemmeditation zu tun. Weisheit ist die Arbeit des Geistes auf höchstem Niveau, als Folge extrem harten und ausdauernden Geistestrainings. Es ist egal, ob wir das als Prajna Paramita oder Abhidhamma tun; die Kraft unseres erleuchteten Geistes, muss das Potenzial besitzen, die notwendige Grundlagenforschung durchzuführen. Er ist zudem kreativ genug, die technischen Innovationen zu entwickeln. Es ist möglich, aber nur wenn wir uns alle einspitzig auf das Problem konzentrieren, wie es mit objektbezogener, traditionell–buddhistischer Meditation machbar ist.

Kurzfristig müssen natürlich die Reduktionen im Ausstoß von Treibhausgasen durch Verträge und Abkommen garantiert werden und dabei auch Strafen verhängt oder Förderungen bei Erfolg bewilligt werden. Mittelfristig geht es nur mit der Entwicklung grüner Technologien. Aber langfristig hilft es nur, wenn wir unser Konsumverhalten fundamental verändern. Denn die entscheidende Ursache für den Klimawandel war unsere gierige und dumme Art zu konsumieren.

Ist der Buddha gegen den Konsum? Wer das behauptet, legt Buddha eine Meinung in den Mund, die er nicht getätigt hat. Mit dem fünften Glied Samma Ajiva spricht er sich ganz klar für Konsum aus. Allerdings unterscheidet sich dieser buddhistische Konsum vom stumpfen und gierigen Konsumieren. Das bezieht sich wiederum nicht auf die finanzielle Höhe des Konsums. Es ist absolut möglich, doppelt so viel Geld für einen nachhaltigen Konsum auszugeben als andersherum. Ein achtsamer und bewusster Konsum kann die Wirtschaftsleistung genauso steigern wie der stumpfen Gierkonsum, der heute von sehr vielen betrieben wird. Das heißt nichts anderes, als dass mithilfe ernsthafter buddhistischer Wirtschaftspolitik ein Konsum möglich wird, der genauso hoch und wachsend ist, aber den Großteil der negativen Nebeneffekte nicht hervorruft. Das ist mit buddhistischer Weisheit möglich und es würde mehr unserer heutigen ökologischen und ökonomischen Probleme lösen, als wir uns vorstellen können.

Wirtschaft kann ethisch und moralisch und trotzdem prosperierend und profitabel sein. Dass sie dafür ein höheres Maß an Denkleistung erfordert, muss ich leider zugeben. Das ist ein ernstes Problem, solange die meisten Menschen weiter so denkfaul bleiben. Aber es könnte dadurch gelöst werden, dass wir unsere künstlichen Intelligenzen zukünftig diese Arbeit übernehmen lassen. Etwas, was ich so nicht gut fände, sondern die A.I. zwar diese Aufgabe machen sollte und wir dennoch lernen, fleißiger im Denken zu werden. Denn Denkfaul steht natürlich synonym mit dumm sein und die vielen dummen Menschen in unseren Metropolen sind nicht nur unattraktiv, sie sind auch gefährlich. Denn dumme Menschen werden dumme Dinge tun. Nach Buddha meint dumme Dinge tun nichts anderes, als Dinge zu tun, die großes Leid bringen.

Natürlich gibt es sehr viele Spielarten des Buddhismus. Sie sind sehr verschieden. Das beginnt bei den länderübergreifenden Unterschieden. Etwa unterscheidet sich der Buddhismus Sri Lankas stark vom Buddhismus in Japan. Aber auch innerhalb eines Landes kann es große

Unterschiede geben. Bleiben wir in Japan, können wir das bei einem Vergleich des Zen mit dem Nichiren Buddhismus sehen. Diese Unterschiede finden sich auch innerhalb kleiner Sanghas, etwa sehen wir das, wenn wir Mahakassapa mit Ananda oder Hui Neng und Shenxiu vergleichen. Allen gemeinsam ist jedoch die Absicht, einen Ausweg aus dem Leiden zu finden. Denn das ist die Grundabsicht des Buddhismus. Es ist der Grund, weshalb Siddhartha sein Zuhause verließ, um Bettelmönch zu werden. Es ist der Hauptgrund, warum er das Nirvana verwirklichte.

Ich wünschte jetzt, behaupten zu können, dass der Buddhismus bisher ökologisch ausgerichtet gewesen wäre. Aber die Wahrheit ist, dass es früher keine große Rolle gespielt hat. Zwar gab es immer eine verstärkte Tendenz zum Tierschutz und der Vegetarismus war weit verbreitet, aber das galt nicht primär ökologischen oder nachhaltigen Aspekten. Auch der Drang, in Harmonie mit der Natur zu leben, wie er besonders im Zen oder Chan ausgeprägt war, begründete sich nicht im Umweltschutz. Es ging eher um eine spirituelle Verbundenheit mit allem. Das liegt sicher daran, dass die Natur damals im ursprünglichen Sinne noch gesund war. Erst in den letzten Jahrzehnten ist uns schmerzlich bewusst geworden, wie krank unser Planet ist oder um es eindeutig auszudrücken, wie krank wir die Erde mit unserer Gier gemacht haben.

Viele sagen salopp, die Erde wird auch ohne uns überleben. Aber das ist keine moralische Aussage. Wir sind eine Spezies, die einen so weit entwickelten Geist hat, dass wir voll erwachen können. Das ist ein Wunder und nur einer von vielen Gründen, warum wir für jedes menschliche Leben kämpfen müssen. Da der Klimawandel jetzt existenzielles Niveau erreicht hat, ist jeder Buddhist und jede Buddhistin verpflichtet, dagegen etwas zu tun. Denn er bedroht unübersehbar unsere gesamte Zivilisation und in solch einer Situation untätig zu bleiben, wird definitiv sehr viel schlechtes Karma erzeugen. Zum Glück tun seit weit über einem Jahrzehnt die meisten Sanghas etwas.

Es beginnt beim Pflanzen von Bäumen. Diese Praxis lässt sich in vielen ostasiatischen Traditionen seit Jahrzehnten nachweisen. Sie wird seit langem als ein Beitrag zum Umweltschutz betrachtet. Ein zweiter Ansatz ist die vegane und vegetarische Bewegung innerhalb des Buddhismus. Eine der größten buddhistischen Traditionen in Europa hat schon vor fast zwei Jahrzehnten ihre Sanghas auf voll-vegane Ernährung umgestellt und das explizit, um die Umwelt und die Tiere zu schützen.

Da der Degrowth Ansatz völlig utopisch ist, außer wir greifen auf politische Gewalt zurück, bleibt uns nur der Green Growth Ansatz oder das grüne Wachstum. Die harte Wahrheit ist allerdings, dass er nur funktionieren kann, wenn ein Großteil des Volkes ihre Art zu konsumieren verändert. Ob Gier oder Unwissenheit der Auslöser war, bleibt aus praktischer Sicht egal. Aber Fakt ist, dass unser Konsum die Ursache für den Klimawandel war. Dies verschärft sich derzeit zunehmend, weil immer mehr Schwellenländer große Industrien aufbauen. Allen voran ist hier natürlich China zu nennen, das mittlerweile zu einem der größten Umweltverschmutzer unter den Staaten aufgestiegen ist und damit auch beweist, wie egal den Linken der Umweltschutz ist, obwohl sie natürlich etwas Gegenteiliges propagieren.

Wir können unseren Konsum verändern, ohne dabei weniger konsumieren zu müssen. Wir können unseren Konsum verändern und trotzdem weiterhin durch unseren Konsum glücklich werden. Es gibt Produkte, die uns emotional befriedigen, die sowohl die Umwelt nicht schädigen als auch sie zugleich schützen und bewahren. Mir ist kein Bereich bekannt, in dem es nicht möglich wäre, klimaschädliche Produkte zugunsten von Produkten aufzugeben, die genauso befriedigend und ökologisch nachhaltig sind. Das erfordert im Grunde nur ernste Absicht. Hier schließt sich natürlich das erste Mal unser Kreis. Denn wir erinnern uns, dass die ernste Absicht das zweite Glied von Buddhas achtfachem Pfad ist.

Unsere Art zu konsumieren und zu produzieren, kann ethischer und ökologisch nachhaltiger werden. Die Frage ist, warum wir Buddhisten bisher so wenig dazu beitragen? Ja, das ist natürlich eine Selbstkritik und sie richtet sich vermehrt an die Mahayani. Denn diese behaupten von sich, den Pfad der Bodhisattvas besonders wertzuschätzen. Die Praxis des Buddhismus umfasst mehr als nur die Pujas und die Meditationen. Wer in seinem Leben streng abgegrenzte Bereiche schafft, wo er einmal der Buddhist ist und dann im übrigen Teil nicht, der ist in Wahrheit noch gar kein Buddhist, sondern immer noch auf dem Weg eine:r zu werden.

Natürlich gilt man als Buddhist oder Buddhistin, wenn man die dreifache Zuflucht nimmt. Diese Zufluchtnahme gilt nur, wenn sie sich auf das ganze Leben bezieht. Wenn sie einer nur sonntags und mittwochs lebt, wenn er in seinen Meditationskurs geht, dann hat er in Wahrheit noch keine Zuflucht zu Buddha, zu Dharma und zur Sangha genommen. Zuflucht nehmen heißt Zuflucht nehmen. Sie gilt ganz oder es ist keine echte Zuflucht. Und das sage ich natürlich im Bewusstsein, dass nur der Dharma und kein noch so guter Umweltschutz uns von allem Leid befreien kann. Doch er ist ein Weg, unsere Silas zu leben und auch um Weisheit zu entwickeln; nicht zu vergessen, dass wir Gutes tun.

Was ist Weisheit? Folgt man dem Buddhismus, dann ist die Definition ziemlich einfach. Weisheit dient dazu, das wahre Wesen der Dinge zu sehen, um so das Leiden auflösen zu können. Was anderes ist Umweltschutz? Es geht darum, das wahre Wesen der Natur zu verstehen und es zu schützen. Das bedeutet, die Umwelt zu schützen, ist nichts anderes, als den Buddha Dharma zu praktizieren.

Im Zentrum des gesamten Buddhismus steht die Auflösung des Leidens. Alles dreht sich darum, wie wir einen Zustand erreichen, wo wir wunschlos glücklich und vollkommen frei von Leid sind. Der Buddha nannte diesen Zustand das Nirwana. Er selbst lebte 45 Jahre im Nirwana. Damit bewies er, dass es möglich ist. Das ist ein bisschen so wie mit Roger Bannister beim Rennen. Weil er es schaffte, in einer bestimmten Geschwindigkeit zu laufen, die vorher undenkbar war, glaubten es plötzlich auch andere und schafften es, so schnell zu sein. Wenn wir also wirklich daran glauben, dass Buddha das leidfreie und wunschlos glückliche Nirwana erreichte, dann können wir das auch.

Auf dem Weg ins Nirwana können wir die Umwelt schützen. Nachhaltigkeit und Ökologie passen wunderbar zur Praxis des Buddhismus. Denn es geht um Heilung. Ich glaube, wer lernt, die Natur zu heilen, wird dabei auch lernen, sich selbst zu heilen. In einer Zeit, in der Neurosen und Depressionen geradezu epidemisch auftreten, brauchen wir die Fähigkeit zur Heilung mehr denn je. Dass aus der Hilfe für andere die Fähigkeit wächst, sich selbst besser heilen zu können, ist eine Binsenweisheit, die jeder kennen sollte. Es ist überfällig, dass wir als Kollektiv heilsamer handeln.

Zeit zum Warten ist nicht mehr. Jeden Tag, den wir nichts tun, werden die Kosten, die die Schäden der Klimakrise verursachen werden, weiter dramatisch steigen. Meiner Meinung nach ist es die politische Instabilität als Folge des Klimawandels, die am gefährlichsten ist. Dieser Punkt wird leider noch zu wenig beachtet. Dem Klimawandel wohnt enorme politische Sprengkraft inne. Es liegt nahe, dass er einer der Gründe ist, weshalb sich die politische Lage so dramatisch verschärft hat. Derzeit sind wir in eine neue Phase des Wettrüstens eingetreten, obwohl es noch vor zwei Jahrzehnten so aussah, als hätten wir diese Dummheit überwunden. Zudem bilden sich wieder neue, unversöhnliche Blöcke, obwohl fast alle nach dem Ende des kalten Krieges geglaubt hatten, dass das vorbei ist. In ihrer Komplexität sind die Prozesse nie monokausal zu begründen. Dennoch lassen sich die Haupt– und Nebenursachen identifizieren. Der Klimawandel ist nicht nur eine der Hauptursachen für die Verschlechterung der politischen Weltlage, er wird es in Zukunft noch deutlich mehr sein.

Dürren, Missernten, Überschwemmungen, Hitzewellen und Wasserknappheit werden in den nächsten Jahren zunehmen. Aktuell scheint es so, dass die negativen Prognosen schneller Wirklichkeit werden, als viele das erwartet haben. Wir sehen heute schon die Folgen des Klimawandels, die renommierte Forscher erst in zehn Jahren erwartet hätten. Diese Beschleunigung ist wahrscheinlich das beunruhigendste dieser Tage und das trotz der russischen und chinesischen Aggression. Denn die politischen Instabilitäten, die ein immer dramatisch werdender Klimawandel verursachen kann, könnten noch zu viel mehr politischer Aggressionen zwischen den Staaten führen.

Aus buddhistischer Sicht gibt es den Zusammenhang zwischen dem Inneren eines Menschen und seiner Umwelt. Anders gesagt, bedeutet das, dass die kranke Natur zeigt, wie krank wir innerlich sind. Das ist nicht beleidigend oder abschätzig gemeint, sondern soll einfach nur eine Beschreibung sein, wie ich unsere Gesellschaft erlebe. Ich glaube, mit dieser Einschätzung bin ich nicht allein. Besonders in der letzten Pandemie konnten wir erleben, wie tief die Abgründe unserer Gesellschaften sind und wie psychisch instabil ein großer Teil der Bevölkerung ist.

Zu glauben, dass der Weg des Buddhismus darin besteht, nur unser Innenleben zu heilen und dadurch automatisch äußerlich zu heilen, wäre ein gefährlicher Irrweg. Buddha Shakyamuni belehrte uns über das abhängige Entstehen.

Der Lehrer aus Frankreich nannte es Interdependenz und meinte damit, alles steht in wechselseitiger Beziehung. Der spezielle Weg, den der Buddhismus gemäß des Dharmas einschlagen muss, um die schädlichen Veränderungen des Klimas aufzuhalten, ist sowohl die Heilung des Inneren als auch des Äußeren.

In Wahrheit haben innen und außen mehr gemeinsam, als wir uns das eingestehen wollen. Unser Karma hat uns nicht ohne Grund genau in die Lebensumstände geschickt, in denen wir gelandet sind. Es ist die Gier in unserem Inneren und unserem Äußeren, die uns in die Krise geführt haben. Zugleich ist es der Hass in Form von Abneigung, der verhindert, dass wir die Dinge tun, die unser Problem lösen würden.

Heute sah ich fernsehen bei meiner Mutter. In den Nachrichten ging es um eine Umfrage, worauf die Menschen bereit wären zu verzichten, etwa kein Fleisch mehr essen, nicht mit dem Flugzeug in den Urlaub fliegen und aufs Fahrrad umsteigen. Zu jedem Punkt gab es große Bereitschaft, zugleich äußerten sehr viele, dass sie nicht bereit wären, alle diese Dinge gleichzeitig zu tun. Das entspricht unserer menschlichen Art. Wir haben eine Abneigung, uns auf neue Dinge einzulassen und sind oft erst dazu bereit, wenn wir direkt am Abgrund stehen.

Diese Abneigung ist nichts anderes als sehr subtiler Hass in unserem Herzen. Wir lehnen diese Veränderung ab, weil in uns ein Groll entsteht, weil wir etwas Gewohntes aufgeben sollen. Klar ist diese Gewohnheit eine Form der Gier und das überrascht wenig, denn Gier und Hass bedingen sich gegenseitig. Die Energie, die sich gegen diese Veränderung wehrt, gehört allerdings zum Feld des Hasses. Sie blockiert uns und das eindeutig zu unserem Schaden.

Viele glauben, wenn sie ihren Konsum umstellen, werden sie unglücklicher werden. Ich habe es getan. Es war ein langer Weg, aber schließlich bin ich Veganer geworden, fahre nur mit Öffis und meine letzten Urlaubsorte habe ich meist mit der Bahn erreicht. Weil Buddha nach meiner Recherche nur einmal am Tag aß, bin ich sogar so weit gegangen, dass ich derzeit auch nur einmal am Tag esse. Bin ich dadurch unglücklicher geworden? Ganz im Gegenteil; weil ich meinen Konsum bewusster steuere, kann ich ihn mehr genießen. Sprich, das Glücksgefühl aus meinem heutigen Konsum ist deutlich größer als früher. Ich habe unterm Strich mehr gewonnen, als ich verloren habe, und ich bin mit dieser Entwicklung sehr zufrieden.

Fakt ist, wir Buddhisten müssen uns aktiv fürs Klima und die Umwelt einsetzen und wir sollten es bewusst als Buddhisten tun. Ich bin kein Fan von der Idee, dass man nicht offen zeigen soll, wenn man etwas Karitatives getan hat. Ich persönlich finde es sinnvoll, offen zu zeigen, wenn man anderen geholfen hat und auch darauf stolz zu sein. Das hat den Vorteil, dass andere davon inspiriert und dem nacheifern werden. Habe ich recht, wäre es nicht weise nach einer guten Tat, diese geheim zu halten, weil es verhindert, dass andere es nachahmen. Als Lehrer weiß ich, dass die Nachahmung eine der besten Arten des Lernens ist. Schließlich folgen wir unserem großen Lehrer Shakyamuni Buddha und ahmen sein Ideal nach. Zudem gibt es den Menschen Hoffnung, wenn sie sehen, wie anderen geholfen wird. Das ist wichtig. Die Menschen brauchen Hoffnung und den Glauben an die Lösung all unserer Probleme. Vor allem wenn wir uns in so instabilen Zeiten befinden. Unsere gelebte Hilfe und der sichtbare Alturuismus können für viele Menschen zur Fackel in der dunklen Nacht werden.

Die Lösung der komplexen Umweltprobleme ist nicht einfach. Am Ende glaube ich, wird es nicht mit Demonstrationen und Resolutionen möglich sein. Der Weg aus der Krise besteht zum einen aus einer qualitativ höheren Art zu konsumieren. Zum Zweiten werden es technologische Innovationen sein, die uns aus der Krise führen müssen. Die fallen aber nicht vom Himmel. Mit dieser Erkenntnis fällt allerdings für jeden gutherzigen Buddhisten die Pflicht vom Himmel, sich an diesen Forschungen zu beteiligen. Es bedeutet, sich hinzusetzen und ernsthaft das technologische Grundlagenwissen zu erarbeiten. Das wäre quasi die erste Stufe. Auf diese folgt dann die Zweite: Das erworbene Wissen muss als nächstes in praktische Anwendungen umgewandelt werden. Das einfachste Beispiel sind hier private Solaranlagen auf dem Dach oder Balkon. Allerdings gibt es im privaten Bereich noch hunderte weitere Möglichkeiten. Die dritte Stufe besteht darin, sein Verständnis so weit zu erweitern, dass man zu einer Verbesserung der bestehenden Techniken beitragen kann oder sogar eigene grüne Innovationen zu entwickeln.

Stimmen die Prognosen, läuft uns die Zeit davon. Nicht unser Wohlstand steht auf dem Spiel, sondern auch der unserer Kinder und Kindeskinder. Wir können nicht weiter nichts tun und zusehen, wie andere versuchen, die Katastrophe aufzuhalten. Der Buddhismus ist die Religion des Erwachens. Wir müssen aus unserem Märchenschlaf aufwachen und aktiv werden!

Weisheit in Erziehung und Bildung

Im Buddhismus tritt Weisheit in Verbindung mit Mitgefühl auf. Das eine existiert nicht ohne das andere. Buddha selbst war ein weiser Lehrer und hatte sehr viel Mitgefühl mit uns. Seht; die große Crux besteht darin, dass wir alle das Richtige tun wollen, aber wegen unserer Verblendung es nicht hinbekommen. Der Buddha hat uns deswegen nicht verdammt, wie es in anderen Religionen üblich ist, sobald man die Grundregeln verletzt. Buddha war sehr mitfühlend und schenkte sogar dem Massenmörder Angulimala sein Mitgefühl. Das berührte diesen Mörder so sehr, dass er nie wieder einen Menschen ermordete.

Buddha zeigt uns immer auf, was die Konsequenzen unseres Handelns sind. Dabei ist es nicht so, dass ein Dämon kommt und uns bestraft oder in die Hölle verbannt, sobald wir etwas Böses getan haben. Es ist mehr so, als ob wir einen Weg eingeschlagen haben, auf dem es viele Löcher, Fallen und Dornen gibt. Auf dem Weg der Gewalt gibt es viele Fallen und Löcher und das ist nur zum Teil metaphorisch gemeint. Denn wenn wir oft gegen andere gewalttätig sind, werden sie uns Fallen stellen, weil sie uns aus Rache schaden wollen. Zugleich ist es wahrscheinlich, dass wir weniger Güte erfahren werden.

Erziehung und Bildung sind die Basis jeder gesunden Gesellschaft. Die buddhistischen Sanghas haben seit den Tagen Buddhas sehr viel Wert auf Bildung gelegt. Meines Wissens gibt es keine Religion, die Bildung höher bewertet als wir Buddhisten. Eine buddhistische Politik muss diesem Anspruch auf vielfältige Weise gerecht werden.

Es gibt nicht die Bildung. Die Wissenschaft, die sich hinter den Themen Bildung und Erziehung versteckt, ist hochkomplex. Bereits zu Buddhas Zeiten war die Lehre eine hohe Kunst. Buddhas Lehrreden zeigen verschiedene Techniken und Methoden. Eine davon war das Gleichnis, eine andere war die individuelle Einsicht. Seit Buddhas Zeiten hat sich die Pädagogik weiterentwickelt. Es wäre ein Zeichen mangelnder Weisheit, die neuen Techniken und Fortschritte nicht zu nutzen und nur die Methoden der damaligen Zeit zu benutzen. Ich muss leider ehrlich sein: Buddha war ein hervorragender Lehrer und er hat seinen Schülern zu großen Fortschritten verholfen. Aber seit seinem Tod hat sich dieser Erfolg nicht fortgesetzt. Ich bin ziemlich enttäuscht, wenn ich mir die lange Geschichte des Buddhismus angucke. Die Ergebnisse sind ernüchternd. Ich hoffe, wir als vereinigte Sangha sind bereit, neue und effizientere Wege in der Lehre einzuschlagen.

Grundsätzlich ist der klassische Lehrvortrag gut und zwar vor allem deshalb, weil es Buddhas Weg war. Buddha hatte damals keine anderen technologischen Möglichkeiten. Es gab nur die Lehrrede. Heute hingegen besitzen wir sehr viele weitere Möglichkeiten. Wir können heute über Apps interaktive Lehrplattformen erstellen und sie sehr vielen

Schülern und Schülerinnen weltweit zur Verfügung stellen. Das muss nicht mehr nur Texte und Worte umfassen. Wir können Lernspiele fürs Handy entwickeln, bei denen unsere Jüngsten spielerisch in die tiefe Lehre des Dharma eingeführt werden. Es ist nicht so schwer, eine skalierte, voll automatisierte buddhistische Online-Akademie zu programmieren. Auf dieser Plattform können StudentInnen den Buddhismus studieren und Prüfungen absolvieren, die wiederum voll von der Software ausgewertet und beurteilt werden. Das Niveau des Verständnisses des Dharmas könnte so weltweit dramatisch erhöht werden.

Wenn wir den buddhistischen Dharma zum höchsten Bildungsziel erheben, bedeutet das nicht, dass wir anderen Bildungsinhalten keine Wertschätzung entgegenbringen. Das tun wir und wir nehmen sie ernsthaft an, lernen sie und vervollkommnen uns in ihnen. Denn Wissen zu verarbeiten, und zwar mindestens nach dem Viererschritt: Wissen, Verständnis, Anwendung, Reflexion; ist eine allgemeine Fähigkeit. Wenn wir unser Wissen in den Bereichen Mathematik und Heimatsprache vertiefen, wird uns das auch helfen, das Wissen über den Dharma tendenziell besser aufnehmen und verarbeiten zu können.

Bildung, Schulung und Lehre sind das Kernelement des Buddhismus. Darin unterscheidet er sich von anderen Religionen. Beispielsweise setzt der Buchmonotheismus auf Glauben. Er propagiert den Glauben sogar zum Hauptelement aller Religiosität. Abgesehen davon, dass das Schwachsinn ist, so leugnet er damit auch die mehr als zehntausendjährige Geschichte der Religionen vor dem Entstehen des Buchmonotheismus. Aufgrund der letzten zweitausend Jahre hat sich der Gegensatz zwischen einer Glaubens– und Weisheitsreligion entwickelt. Aber nehmen wir die gesamte Geschichte menschlicher Religionen, die mindestens fünfzigtausend Jahre vor dem Mann namens Moses begonnen hat, dann sind Wissen, Erkenntnis und Verstehen die bedeutendsten Elemente der menschlichen Religionen und nicht der Glauben. Es lässt sich sogar die These aufstellen, dass weil der Buchmonotheismus den Glauben zum Primat der Religion gemacht hat, er dadurch dem Atheismus und dem Unglauben zu seinem Erfolg verholfen hat.

Der Buddhismus trieb das Element der Weisheit als religiöses Element zu einem Maximum, wie es die Welt vorher nicht gekannt hat. Logik entspricht mehr dem wahren Wesen des Buddhismus als jedes Blumenopfer, jeder Tempel und selbst jede Buddhastatue. Der Buddha überzeugte seine Zuhörer mit Einsichten und nicht mit Wundern. Er soll Wunder gewirkt haben. Das kann man glauben oder nicht; ich persönlich glaube es. Aber er hat eindeutig gelehrt, dass diese Wunder nichts wert sind im Vergleich zur Weisheit des Dharma.

Im Mahayana wurde die Weisheit in einen gottähnlichen Stand erhoben. Es ist ihm auch in einigen Regionen und für einige Jahrhunderte gelungen, das intellektuelle Niveau der breiten Bevölkerung deutlich zu erhöhen. Das geschah in einer Zeit allgemein schwacher Bildung. Vergleichen wir das christianisierte Rom mit dem heidnischen Rom, so hat der christliche Glaube die Intelligenz der Menschen dramatisch gesenkt und das als direkte Hauptursache.

Wer den Buddhismus als Religion wählt, muss lernen

wollen. Ohne Lernen gibt es keinen Buddhismus. Im Gegensatz zu den indigenen Naturreligionen ist er kein natürliches Produkt. Sondern er ist das Ergebnis harter geistiger Arbeit. Das möchte ich hier mit Nachdruck betonen: Lernen ist geistige Arbeit. Sie ist anstrengend. Zwar lehnte der Buddha im Nachhinein mit Recht harte asketische Exerzitien ab, aber ohne die harten Jahre seiner Askese, in denen er seinen Geist geschult, trainiert und vorbereitet hatte, wäre er nicht unterm Bodhibaum erwacht. Wir müssen den Dharma studieren, um erwachen zu können!

Wieder beginnt es mit der Absicht, lernen zu wollen. Sicher ging dem die Einsicht voraus, wie wichtig Wissen, Verstehen und Weisheit für das eigene und das Glück der Welt ist. Aber es beginnt erst mit Samma Sankappa, also dem richtigen Entschluss, der weisen Absicht oder der rechten Motivation. Doch nach diesem Schritt geht die Arbeit für buddhistische Politiker und Politikerinnen erst los. Denn Bildung muss physisch und sozial organisiert werden. Wie wichtig das ist, zeigt mein Heimatland. Es war früher sehr gut darin und galt infolgedessen in Europa lange als eines der gebildetsten Länder. Die Organisation der Bildungseinrichtungen und ihre Einbettung in den sozialen Rahmen gelingt meiner Heimat heute immer schlechter und wir haben unseren Ruf als sehr gebildetes Land eingebüßt.

Einer buddhistischen Politik muss es gelingen, die technischen Innovationen in den Lernprozess einzubinden. Ich weiß, dass ich mich wiederhole, aber hätte der Buddha die technischen Möglichkeiten gehabt wie wir, hätte er sie zur Verbreitung des Dharma genutzt. Aber alles, was er hatte, war seine außergewöhnliche Fähigkeit, reden zu können und sein Vorbild als didaktisches Mittel. Wer heute den Buddhismus lehren will, darf nicht auf die technischen Möglichkeiten verzichten. Sonst wird er oder sie der Verantwortung als buddhistische Lehrkraft nicht gerecht. Die Möglichkeiten sind jetzt schon gigantisch, aber sie werden aus zwei Gründen noch größer werden.

Der erste Grund ist klar: Die technische Entwicklung wird fortschreiten und noch mehr Potential freisetzen. Der zweite Grund ist allerdings wichtiger. Derzeit werden die technischen Möglichkeiten nur ungenügend genutzt. Das verhindert nicht nur den Mehrwert für unsere Schüler und Schülerinnen. Es verhindert zusätzlich, dass wir eine eigenständige Didaktik für den Dharma entwickeln. Dazu kommen natürlich die ganzen Interdependenzen, die einen eigenständigen Entwicklungsprozess initiieren könnten, der eine hoch entwickelte buddhistische Lehrkunst für ein neues technologisches Zeitalter zur Folge hätte.

Wir müssen den nächsten Schritt wagen. Ich weiß, ich wiederhole mich, aber die Ergebnisse der buddhistischen Didaktik der letzten zweihundert Jahre sind weltweit ernüchternd. Ich rede hier von der Qualität, nicht von der Quantität. Bezogen auf die Quantität können wir uns nicht beschweren. Der Buddhismus ist heute überall auf der Welt bekannt. In einigen der reichsten Länder ist er zu einer bedeutenden Nebenströmung geworden. Ich wette, es gibt niemanden in der sogenannten ersten Welt, der noch nicht darüber nachgedacht hat, einen buddhistischen Kurs in Meditation zu besuchen, um etwas gegen den ausufernden Stress zu tun. Aber spätestens, wenn man sich durch die veröffentlichten Bücher klickt, stellt man fest, wie niedrig das existierende Dharma–Level ist. Abgesehen vom Palikanon, den Sutras und einigen Ausnahmen, gibt es fast nur Anfängertexte.

Grundsätzlich habe ich nichts gegen AnfängerInnen. Ich finde es super, wenn jemand den Pfad des Buddha betritt, der vom Leiden zur Befreiung führt. Aber das Geheimnis dieses Pfades offenbart sich erst am Ende. So schön der Spruch –der Weg ist das Ziel– ist, bezogen auf das Nirvana stimmt er einfach nicht. Das Schöne und Beglückende des Nirvana überstrahlt alles im Samsara. Die Wahrheit ist unumstößlich: Ein Anfänger muss zum Fortgeschrittenen und dann zum Profi werden. Das geht nicht, wenn man sich nur Bücher und Übungen für AnfängerInnen zu Gemüte führt. An dieser Stelle müssen natürlich auch die Anfänger gewarnt werden, nicht die Übungen der Profis durchzuführen, da das zu schweren spirituellen Schäden führen kann. Aber was wir brauchen, ist ein besseres Angebot für Fortgeschrittene und Profis, das es aktuell in Europa und dem englischsprachigen Raum kaum gibt.

Das Studium des Dharma auf hohem Niveau war bisher sehr mühselig. Ich glaube, die aktuellen technischen Innovationen im Bereich der künstlichen Intelligenz und im maschinellen Lernen oder allgemein im Digitalen könnten das ändern. Was früher nur schwer zu lernen und zu verinnerlichen war, könnte durch eine bessere buddhistische Didaktik deutlich einfacher gelernt werden. Das erfordert viel Arbeit. Es ist die Verantwortung der jetzigen Generation der buddhistischen Lehrer und

Lehrerinnen, diese Arbeit zu leisten. Tun sie es nicht, dann werden sie logischerweise ihrer Verantwortung gegenüber ihren SchülerInnen nicht gerecht.

Jede:r von uns kann lernen, sich von seinem oder ihrem Leid zu befreien. Das ist die zentrale Botschaft des Buddhismus. Es ist sogar der einzige Grund, weshalb der Dharma existiert und ich glaube, das lässt sich sogar für den vorbuddhistischen Dharma sagen. Der Weg ist lernen, üben und Erfahrungen sammeln. Mithilfe geeigneter Apps unter Nutzung der technischen Möglichkeiten kann das ganze Leben in einen buddhistischen Lernort verwandelt werden. Das beginnt, indem wir Lehrvorträge hören, wenn wir draußen unterwegs sind, dann geht es weiter zu den buddhistischen Lernspielen auf dem Handy, die wir in der U–Bahn spielen können und es endet bei persönlichen A.I. Assistenten, die unseren gesamten Lernprozess begleiten und uns zugleich motivieren, gezielt kognitiv stimulieren, als auch testen.

Neben der technischen Dimension spielt natürlich auch der Lernraum eine sehr große Rolle. Hier punkten wir Buddhisten ganz groß. Die Sangha sind im Grunde Tempel oder wer mag, kann sie sich auch als Kirchen vorstellen, die zentral auf Lehr–Lern–Prozesse ausgerichtet sind. Das unterscheidet sie von den Zentren anderer Religionen, in deren Zentrum die Verehrung ihrer Gottheiten steht. Zwar gibt es die Verehrung des Buddha auch und in Südostasien hat es gottähnliche Züge angenommen, aber selbst dort gilt die Lehre als höheres Element. Nun stellt sich die Frage, ob wir es dabei belassen können oder wir auch in diesem Bereich Veränderungen vornehmen sollten?

Mir haben die traditionellen Sanghas auf meinem Lernpfad viel geholfen. Gerade weil sie so anders waren als die Außenwelt, konnte ich mich innerlich fallen lassen, um meinen Geist zu rekalibrieren. Wenn ihr mich fragt, sollte sich daran nichts ändern. Was sich hingegen ändern könnte, wären private Initiativen. Private Unternehmen wirtschaften effizienter als staatliche. Warum soll es in Zukunft keine kommerziellen Unternehmen geben, die sich darauf spezialisieren, den Dharma ganzheitlich zu vermitteln?

Diesem Versuch werden viele entgegenhalten, dass er materialistisch wäre. Aber es wäre im Rahmen von Samma Ajiva. Fakt ist, die Leute werden ihr Geld eh ausgegeben. Es ist für beide Seiten (Käufer und Verkäufer) karmisch besser, wenn sie es in den Buddha–Dharma investieren. Letztendlich könnten diese Firmen sowohl die technische als auch räumliche Ausstattung zur Verfügung stellen, die eine nur von Mönchen und Nonnen geführte Sangha aufgrund finanzieller Gründe nicht anbieten kann. Es wäre ein echter Vorteil und könnte zu enormen Lernfortschritten führen. Denn diese Firmen werden nur überleben, wenn sie liefern, was sie versprechen. Sprich, sie werden nur langfristig existieren, wenn es ihnen gelingt, den Leuten wirklich zu einem hohen Niveau im Dharma zu verhelfen, wie sie es versprochen haben. In diesem Zusammenhang muss natürlich betont werden, dass es sich für jede anständige BuddhistIn gehört, regelmäßig den Mönchen und Nonnen des Buddhaordens zu spenden. Wer über der Armutsgrenze lebt und das nicht tut, hat bisher nichts vom Buddha–Dharma verstanden! Was Karma ist, weiß sie oder er sicher auch nicht.

Fassen wir kurz zusammen: In den letzten fünfzig Jahren hat der Buddhismus den Schritt von einer auf Asien beschränkten Religion zu einer Weltreligion geschafft. Da er meiner Meinung nach die friedlichste Religion und die weiseste Kultur der Erde ist, ist das ein Zeichen großer Hoffnung für alle Menschen. Dadurch hat er auch Zugang zu einer enormen Anzahl von Kulturtechniken bekommen, die vorher nicht Teil der buddhistischen Welt gewesen sind. Besonders interessant sind für uns die technischen Entwicklungen im Bereich Digitales und künstliche Intelligenz. Ihnen könnte das Potential innewohnen, das Lernniveau unter den Studierenden des Dharma drastisch zu erhöhen.

Wir stehen am Anfang eines technologischen Zeitalters. Natürlich birgt das Gefahren; alles in Samsara ist tendenziell gefährlich. Aber es eröffnet auch einen Ozean an neuen Möglichkeiten, um den Dharma zu vermitteln. Natürlich brauchen wir dafür eine Generation mutiger Lehrer und Lehrerinnen, die bereit sind, sich darauf einzulassen, all das kreativ im Sinne des Dharma zu verarbeiten. Vor allem solche, die bereit sind, wirklich hart zu arbeiten, um ein neues Zeitalter des Buddha–Dharma einzuleiten.

Moralische Politiker und ethische Politikerinnen

Jüngst sah ich auf einem der anspruchsvollen Kanäle eine Dokumentation über die Korruption im Europäischen Parlament. Tatsächlich hat es mich schwer schockiert. Etwa habe ich das Wort der Drehtürkorruption gelernt, wo große Firmen den Politikern später Jobs versprechen, wenn sie in ihrem Interesse handeln und später ihre sozialen Netzwerke mitbringen. Aber auch wie häufig Autokraten den europäischen PolitikerInnen Reisen, Uhren und Briefumschläge schenken, hat mich aus den Socken gehauen.

Was wäre der Buddhismus ohne die Silas? Mit Verlaub, er wäre es nicht wert, die beste Religion der Menschheit genannt zu werden. Was ich hiermit getan habe, denn die Silas sind ein Teil des Buddhismus. Für Leute, die den Buddhismus studieren, wird der achtfache Pfad in drei Teile eingeteilt. Neben der Meditation und der Weisheit stehen da die Silas an dritter Stelle. Was bedeuten diese Silas?

Silas sind die ethischen Verhaltensregeln. Wir könnten auch Sittlichkeit sagen. Allerdings werden sie im Buddhismus nicht als Dogmen vermittelt wie in den Bücherreligionen, wo man sofort in die Hölle kommt, falls man noch zu einem anderen Gott betet. Sie sind mehr als Empfehlungen zu verstehen. Das ganze Universum des Buddhismus besteht aus Ursachen und Wirkungen. Diese Silas sind gemäß den Worten des Buddha die Ursache für Glück. Vom achtfachen Pfad gehören drei Teile zu den

Silas. Das sind samma vaca, samma kammanta und samma ajiva.

Von Samma Ajiva haben wir schon viel gehört. Es ist die moralisch akzeptable Art und Weise, Geld zu verdienen. Bei Samma Vaca handelt es sich, um die heilsame Art zu reden. Samma Kammanta wiederum bezieht sich auf unser Handeln und meint die Arten zu handeln, die vernünftig, heilsam und ethisch sind. Diese drei Eigenschaften sind die wichtigsten Merkmale, die einen guten buddhistischen Politiker und Politikerin auszeichnen. Ich würde sogar so weit gehen, zu sagen, dass die Erfüllung dieser drei Standards das Maß ist, was einen Menschen überhaupt als buddhistischen Politiker auszeichnet.

Wieder will ich das nicht als Dogma verstanden wissen. Aber obwohl der Buddhismus Dogmen ablehnt, so stützt er sich auf Logik. Sie beruht auf wahren Argumenten und Schlussfolgerungen, als dem Resultat aus logischem Nachdenken. Dieses Vorgehen ist der zentrale Unterschied zu einem Dogma, das ein Maßstab ist, der unter Zwang und Gewaltandrohung gefordert wird, ohne ihn zu begründen. Auch im Buddhismus (sowohl im Theravada und Mahayana) hat es eine scholastische Zeit gegeben. In dieser wurden die Mittelsätze der logischen Herleitung einfach weggelassen und den Schülern alles nur zum Auswendiglernen vorgesetzt. Dadurch wurden sie quasi zu Dogmen. Solche Tendenzen finden sich auch heute noch im südlichen Palidharma.

Der Sinn, der hinter diesen drei Standards steht, macht sie buddhistisch. In dem Moment, wo sie einfach nur gefordert werden, ohne sie zu erklären und zu reflektieren, werden sie dem Anspruch von „Samma" nicht mehr gerecht. Es geht dem Buddha nicht um die Rede, das Handeln und das Wirtschaften. Unser Buddha will nicht Vacca, Kammanta und Ajiva. Sondern er will samma vaca, samma kammanta und samma ajiva. Dieser Unterschied macht es erst buddhistisch oder zu dem Phänomen, das Dharma heißt.

Lässt sich denn von den Wählern und Wählerinnen überprüfen, ob sich ein buddhistischer PolitikerIn an die Silas hält? Die Antwort ist leider nicht einfach zu geben. Die menschliche Natur ist komplex. In jedem von uns sind eine Vielzahl von Triebkräften aktiv. Ein Teil davon entzieht sich unserem Bewusstsein und kann auch nur durch tiefste Meditationen bewusst gemacht werden. Was wir können, ist uns den Lebenswandel der PolitikerInnen ansehen und wie sie in der Vergangenheit gearbeitet und ihre Versprechen eingehalten haben. Es ist schade, dass es keine unabhängige und vertrauenswürdige App gibt, die das als einen Score misst.

Der Erfolg buddhistischer Politik wird von der Einhaltung der Silas und ihrer Weisheit abhängen. Während die echten Silas die Grundlage für Glück sind, geht die Weisheit weiter. Gute politische Entscheidungen sind sowohl kurzfristig als auch langfristig effizient. In den letzten Jahren drängt sich bei uns der Eindruck auf, dass die PolitikerInnen völlig die Fähigkeit verloren haben, nachhaltige Entscheidungen zu treffen. Das erwähne ich natürlich bewusst, weil die Nachhaltigkeit einer der Hauptslogans in diesen Tagen ist. Zugleich hat sich mittlerweile jede große Entscheidung der letzten Kanzlerin der Bundesrepublik extrem negativ ausgewirkt. Sowohl außenpolitisch als auch innenpolitisch hat die Unfähigkeit, langfristig gute Entscheidungen treffen zu können, unser Land in seinen Grundfesten erschüttert.

Weisheit hat einen Preis. Dieser Preis ist das Studium, das wiederum aus zwei Teilen besteht. Zuerst steht das Studium der Texte und die reflektierende Meditation. Heutzutage könnte das Textstudium durch Lehrvorträge, Audios und Videos ergänzt werden. Bei einigen ließe es sich sogar komplett ersetzen, etwa weil sie auditive Lerntypen sind und so viel schneller zu größeren Lernfortschritten kommen. Die Meditation ist hingegen obligatorisch. Niemand kann zu großer Weisheit gelangen, ohne den Weg der Innenschau zu gehen. Es ist nicht nur der beste Weg, es ist der einzige!

Im Grunde sollten wir wirklich sagen, ein buddhistischer PolitikerIn sollte meditieren; wahrscheinlich sollte sogar jede:r Buddhist meditieren. Aber nehmen wir eine Frau, die sich ganz für den Bodhisattva Weg entschieden hat. Sie arbeitet als Krankenschwester. In ihrer Freizeit hilft sie in der Suppenküche den Armen und die Zeit, die dann noch bleibt, geht sie ins Tierheim. Wer bin ich, dieser Frau zu sagen, sie müsse meditieren? Ich sollte ihr danken und sie bitten, mich zu belehren, da ich gern wie sie wäre.

Gute Politiker machen gute Politik. Gucken wir uns die Welt an, haben wir nicht genug gute Politiker. Wir werden permanent von Krisen durchgeschüttelt, die bei genauerer Betrachtung gelöst hätten werden können. Mehr noch: Mit guten Strategien zur Prävention hätten viele der Probleme, denen wir uns heute stellen müssen, an der Entstehung gehindert werden können. Das betrifft das demographische Problem, als auch den Klimawandel und definitiv hätte eine erneute globale Blockbildung von besseren PolitikerInnen verhindert werden können. Aber es gab diese Politiker nicht und wir stehen vor dem Eisernen Vorhang 2.0.

Hier kann die buddhistische Politik einen unbezahlbaren Mehrwert schaffen. Die Betonung liegt auf kann. Machen wir uns nichts vor, nur weil buddhistische Politik draufsteht, muss noch lange keine buddhistische Politik drin stecken. So glücklich ich darüber wäre, hier sagen zu können, dass es in der Geschichte des Buddhismus keine Missstände gegeben hat. Dem ist nicht so. Es gab Ämtermissbrauch und das Ausnutzen von Macht. Es ist schockierend, dass auch Mönche darunter waren. Es ist deshalb schockierend, weil der Vinaya eindeutig sagt, dass sich die Mönche und Nonnen aus dem weltlichen Leben zurückziehen. In dem Moment, wo der Mönch ein politisches oder administratives Amt (letzteres bezieht sich auf den Bereich außerhalb des Klosters, ersteres auf alle Bereiche) annimmt, hat er den Vinaya verletzt und sein Mönchsgelübde gebrochen. Die Worte des Buddha dazu sind eindeutig und nicht verhandelbar.

Ethische Standards sind dann ethische Standards, wenn nach ihnen gehandelt wird. Das bedeutet Samma Kammanta. Wer nur ein Lippenbekenntnis ablegt, aber im Verborgenen anders handelt, erzeugt schmerzhaftes Karma für sich selbst. Wenn er es dann im Namen des Buddhas und im großen Stil tut, grenzt das an das Verbrechen der Sanghaspaltung. Denn früher oder später wird sein oder ihr

Vergehen auffliegen. Das könnte viele Menschen vom Buddhismus entfremden und das wäre tragisch, denn nach meiner Recherche ist der Buddha–Dharma der einzig ernsthafte Weg, der von einem Leben des Leidens zu einem Leben frei von Leiden führen kann.

Hochstapler gibt es unter den Buddhisten schon heute. Ebenso gibt es solche, die Sekten ähnliche Strukturen etablieren, um sich persönlich zu bereichern und Macht auf ihre Mitglieder ausüben zu können. Jede Form buddhistischer Politik kann nur dann dem Erbe Buddha Shakyamunis gerecht werden, wenn sie mit aller Härte dagegen vorgeht. Auch der Buddha tat das. So einfühlsam und nachsichtig er bei vielen Dingen war, wenn jemand den Buddha-Dharma missbrauchte oder zur persönlichen Bereicherung nutzen wollte, dann ging er hart und entschlossen dagegen vor. Es ist tatsächlich besser, einmal mehr einen Unschuldigen streng maßzuregeln, als einen Schuldigen davon kommen zu lassen.

Narren würden glauben, dass nur weil einer sagt, er ist Buddhist, er deshalb moralischer handelt. Ich bin auch kein Freund davon, es den Mönchen ohne Beweis zu glauben. Zugleich halte ich es für eine unumstößliche Pflicht jedes echten BuddhistIn, den Mönchen und Nonnen zu spenden. Kein Laie praktiziert ernsthaft, der oder die das nicht tut! Im Gegenzug dazu sollte sich der Mönch verpflichtet fühlen, seine Tugendhaftigkeit unter Beweis zu stellen; dasselbe gilt für die Nonnen. Das beginnt bei der Kleiderordnung, der Ernährung und endet heutzutage in der Mediennutzung. Eine Nonne, die auf den Social-Media-Plattformen sehr aktiv ist und ständig durch die

Bilder scrollt, beschädigt ihr Gelübde. Sie zeigt damit auch mangelnde Weisheit. Denn Buddha lehrte eindeutig, dass es neben der Sinnenwelt noch höhere Welten gibt. Durch den Konsum digitaler Inhalte zeigt sie ihr Unverständnis und ihren Zweifel am Buddhawort. Natürlich darf sie Social Media zur Verbreitung der Lehre des Dharma nutzen. Das war es dann aber auch schon.

Echte Ethik kann diese Welt retten. Daran glaube ich felsenfest. Ethik ist nur dann ethisch, wenn sie nicht an soziale Konventionen gebunden ist. Das muss mit Nachdruck betont werden. Was Ethik ausmacht, ist ihr Potential zu heilen. Heilen im Buddhismus heißt immer, das Leiden zu reduzieren. Was ist Leiden laut Buddha? Alle Sorgen, Ängste und Probleme sind Leiden. Ethisch ist das, was Sorgen, Ängste und Probleme reduziert. Sobald das dauerhaft geschieht, sprich dann, wenn alle Sorgen und Ängste unwiederbringlich verschwunden und alle Probleme dauerhaft gelöst sind, nennen wir das im Buddhismus das Nirvana. Buddha Shakyamuni lebte fünfundvierzig seiner achtzig Lebensjahre im Nirvana. Das gilt uns bis heute als Beweis, dass es möglich ist. Der Buddha selbst sagte, dass es jedem Menschen möglich ist, das Nirvana zu erreichen, der bereit ist, die Anstrengungen des achtfachen Pfades auf sich zu nehmen.

Realistische Ethik bleibt trotzdem abhängig von ihren ökonomischen Bedingungen. Ich kann es durchaus verstehen, dass es den Mönchen im alten Tibet nicht möglich war, sich mindestens vegetarisch zu ernähren. Damals war das Land abgeschnitten und es gab wenig Importe. Doch heute ist das anders und es ist leicht, das

Sila des Nicht–Tötens bezogen auf Tiere einzuhalten. Tatsächlich ist es in der westlichen und indischen Welt so leicht, dass es eine grobe Verletzung des Gelübdes wäre, bewusst Fleisch zu essen. Insofern es natürlich wirklich nur mit der Bettelschale erlangte Nahrung ist, hat der Mönch oder die Nonne zu essen, was ihm oder ihr gegeben wird. Alle Buddhisten können ethischer handeln. Ethischer steht hier im Gegensatz zu ethisch und bezeichnet das Momentum der stetigen Verbesserung. Anica bedeutet Unbeständigkeit. Auch ethische Standards verändern sich ständig. Bei einer Verbesserung der ökonomischen Umstände müssen sie natürlich auch steigen und nicht sinken, wie es bei einigen Ordinierten im Westen zu beobachten ist, die den Vinanya stark nach Gutdünken auslegen.

Warum betone ich das? Nun die Mönche und Nonnen sollen unsere Vorbilder sein. Wenn schon sie nicht die Silas einhalten, was soll dann erst mit den buddhistischen PolitikerInnen geschehen? Wir haben also keine Wahl: Wollen wir, dass die buddhistische Politik den selbst gesetzten ethischen Standards gerecht wird, müssen wir sehr intensiv auf das ethisch–moralische Niveau der Mönche und Nonnen achten. Im Grunde läuft es auf ein Tauschgeschäft hinaus: Sie beeindrucken uns mit ihrem hohen ethischen Lebenswandel und wir sichern ihnen genug Spenden. Das klingt natürlich kalkulierend. Ist es letztendlich auch. Aber es ist vor allem ein Gewinn für beide Seiten. Denn ihr Bestreben moralisch, ethisch, gütig, weise und mitfühlend zu handeln, wird sich positiv auf unsere gesamte Gesellschaft auswirken.

In Asin soll es Mönche geben die Rauchen und Alkohol trinken. Da es in deren Ländern sehr schlecht zugeht, verwundert es wenig. Rauchen ist selbstverständlich eine grobe Verletzung des Vinaya, der strikt Rauschmittel für Ordinierte verbietet. Sehen wir uns dann die immer größer werdende Epidemie an traurigen Suchtkranken und Drogenabhängigen an, dann wir klar, wie sehr diese Welt positive Vorbilder braucht, die stärker sind als die Süchte. Dies gilt natürlich auch für buddhistische Politiker. Wir erinnern uns an Untersuchungen aus dem Kongress der USA und den Parlementen anderer Länder, wo auf den Toiletten und Geldscheinen Dutzende Reste verschiedener Rauschmittel zum Schniefen nachgewiesen wurde. Wählt ein buddhistischer Politiker diesen Weg, wie könnte er dann noch Buddha in die Augen sehen? Wobei Sucht natürlich eine Krankheit ist und ihr Heilprozess beginnt damit, sich die Sucht einzugestehen und danach sich Hilfe zu suchen.

Dies führt uns direkt zu einer der wichtigsten Aufgaben buddhistischer Politik: die altruistische Hilfe. Meiner Recherche nach war es vor den wiederholten Invasionen durch die Kommunisten und Monotheisten in den mehrheitlich von Buddhisten bewohnten Ländern Asiens die Norm, dass man sich gegenseitig half. Durch die Unterdrückung und die systematische Gewalt sind viele dieser Netzwerke und Traditionen zusammengebrochen. Das stellt uns heute vor die Aufgabe, sie besser als zuvor wiederaufzubauen. Buddhistische Hilfe funktioniert dennoch in ihrer Endkonsequenz anders als in anderen Kulturen. Letztendlich muss sich jede:r selbst von seinem oder ihrem Leiden befreien. Das hebt allerdings nicht die Pflicht auf, medizinische Versorgung und Bildung zu verbessern. Bisher hat sie in keinem Land der Erde ein Optimum anhand der existierenden Möglichkeiten erreicht. Das ist ein trauriges Zeugnis. Die buddhistische Politik sollte mindestens ernsthaft danach streben, das zu ändern.

Was macht Politik? Sie organisiert alles mit dem Ziel, Prozesse und Zustände zu verbessern. Die Welt ist in einem ziemlich schlechten Zustand und zugleich gibt es keine ernsthafte buddhistische Politik. Vielleicht ist es wirklich eine erwachte Politik, die der Welt fehlt, um aus ihrem permanenten Krisenmodus herauszukommen. Wohlgemerkt hat das nichts mit der Woke-Bewegung der USA zu tun. Diese Woke-Bewegung war und kann niemals buddhistisch sein. Aber eine Politik, die ausgerichtet an den Standards des Buddha–Dharma ist, könnte sowohl das Pflaster als auch die Therapie für unsere geplagte Welt sein.

Weisheit ist Weitsicht. Wir haben schon darüber gesprochen, aber wir müssen noch ergänzen, dass Weitsicht gelernt werden muss. Das Zeitbewusstsein ist eine schwer zu erlangende Fähigkeit. Wir sind von der Zeit begrenzte Wesen und es ist von Natur aus schwer, über den eigenen Tellerrand zu schauen. Deshalb braucht es die Meditation. Klassisch unterteilt sich die buddhistische Meditation in Shamata und Vipassana, was so viel wie Ruhe– und Einsichtsmeditation bedeutet. Beides lässt sich nur bedingt trennen und doch ist es wichtig, sich der Unterschiede bewusst zu werden. Während die Erste den

Geist (und Körper) ruhig macht und dadurch befähigt, klar zu sehen. Sorgt die Zweite dafür, dass man das Wesen einer Sache, eines Prozesses, als auch die Entwicklung im Raum–Zeit–Gefüge erkennen kann.

Beide Formen der Meditation sind wichtig. Dennoch ist offensichtlich, dass die zweite zu einer effizienteren Politik verhelfen kann. Aber und das muss betont werden, die Vipassana ist faktisch nicht möglich, ohne seinen Geist vorher beruhigt zu haben. Viele Jungbuddhisten machen diesen Fehler. Sie wollen sich die Mühe der Ruhemeditation sparen und direkt Einsicht erlangen. Das misslingt natürlich und dann geben sie verzweifelt auf und glauben, der Buddhismus funktioniert nicht. Aber der Buddhismus funktioniert sehr gut, man muss es nur richtig machen!

Es ist schwer, ein Buch zu verstehen, wenn man es von hinten beginnt durchzulesen. So sehr ich die Jugend schätze und so viele Beispiele aus der Politik von älteren Menschen bekannt sind, die völlig versagt oder sogar korrupt gehandelt haben, es gehört ein gewisses Maß an Reife dazu, ein politisches Amt effizient und würdevoll auszuüben. Reife ist natürlich kein Maß des Alters. Buddha war relativ jung, als er erwachte und meine Heimat ist voll von Älteren, die nicht gelernt haben, was praktische Moral ist. Dennoch braucht es intensive Übungen, um zu einem verantwortungsvollen Charakter zu reifen.

In seinem oder ihrem Amt übernimmt der Politiker die Verantwortung für viele Menschen. Er trägt diese Bürde freiwillig auf seinen Schultern. Das ist bewundernswert, kann aber überfordern. Jemand, der überfordert oder in die Enge getrieben ist, handelt unüberlegt und wird Fehler machen. Wenn ich als Privatperson Fehler mache, hat das Auswirkungen auf mich und vielleicht ein paar Menschen aus meinem Leben. Doch wenn eine Politikerin Fehler macht, wirkt sich das auf viele, möglicherweise Millionen Menschen aus. Wir haben das bei uns bei der ersten Kanzlerin gesehen. Sie hat wirklich große Fehler gemacht und bis heute leidet unser Volk darunter.

Der Slogan der buddhistischen Politik lautet: Für eine bessere Welt braucht es bessere PolitikerInnen. Der Buddha–Dharma kann diese besseren PolitikerInnen hervorbringen. Allerdings setzt das zum einen intensives Üben, Studieren und Ausprobieren voraus. Zum anderen ist es nur möglich, mit dem Dharma, der uns vom Buddha überliefert worden ist und nicht dem Dharma, der regional–traditionell spezifisch ist. Natürlich handelt es sich dabei um Buddhismus. Dennoch weicht er in vielen Bereichen von den Maximen des Tipitaka ab. Deshalb besitzt er nicht das Potential, ernsthaft ethische Politiker und Politikerinnen auszubilden.

Mut ist der erste Schritt in die buddhistische Politik. Ich rufe jede:n auf, diesen Schritt zu wagen. Wir brauchen euch! Die Welt braucht euch. Ihr selbst braucht euch. Jemand, der oder die sich nur zuhause versteckt und ein negatives Selbstbildnis manifestiert, erzeugt in sich schwere seelische Pein. Aber wer rausgeht und sich ins buddhistische Abenteuer stürzt, wird lernen, sich auf eine Art zu lieben, die jegliche negative Selbstsicht auflöst.

Ja, wir können etwas bewegen. Um sicher zu sein, dass

es gut wird, brauchen wir ein Fahrzeug, welches sicher auf den Schienen unserer Silas fährt. Ob das Mahayana, Theravada oder Ekayana ist, ist völlig zweitrangig. Die Silas unterscheiden sich nicht in den einzelnen Fahrzeugen, aber es ist in jedem Yana möglich, vom Weg der Tugend abzukommen. Doch wenn wir sicherstellen, dass wir den Silas treu bleiben und zugleich politisch aktiv im großen Stil werden, dann wird die Welt reichen Nutzen von der buddhistischen Politik gewinnen.

Samma Vaca, Samma Kammanta und Samma Ajiva sind drei der Bausteine, die unser Nirvana aufbauen. Jede:r, die sich für den Weg in die buddhistische Politik entscheidet, sollte sich zuerst hinsetzen und über diese drei Bausteine ausführlich meditieren und sie verinnerlichen. Erst wenn sie inhärenter Teil unserer Persönlichkeit geworden sind, können wir sicher sein, dem Buddha gerecht zu werden.

Brauchen wir eine buddhistische Partei?

Diese Frage könnte das Kernelement dieser Ausführung sein. Um ehrlich zu sein, kenne ich die genaue Antwort nicht. Es gibt gute Gründe, die dafür sprechen. Zugleich gibt es Gründe, die besagen, dass es nicht nötig ist. Schließlich könnte sich jemand der buddhistischen Politik verschreiben, aber einer Partei beitreten, die nicht dezidiert buddhistisch ist. Es kann sogar sein, dass sich jemand der buddhistischen Politik verschreibt und es dennoch geheim hält. Das wäre etwa in Autokratien denkbar.

Stellen wir uns vor, es gäbe eine buddhistische Partei. Wäre das nicht schön? Nun, das wäre es, aber es wäre nicht so neu, wie es sich für viele anhört. Es hat schon buddhistische Parteien gegeben. Meiner Recherche nach hatte keine von ihnen wirklich Erfolg gehabt. Viel entscheidender ist, dass sich keine davon wirklich an den Silas orientiert hat. Sie waren in asiatischen Ländern wie Kambodscha und Thailand aktiv. Auch in Birma oder Myanmar ist der Buddhismus sehr politisch. Letzterer ist vor allem durch sein aggressives Vorgehen gegen muslimische Einwanderer bekannt geworden.

Meine Heimat wird auch von muslimischem Terror und extremer Mobgewalt durch Muslime bedroht und ich verstehe, dass die Buddhisten keine Lust mehr auf den islamischen Terror haben. Aber dennoch widerspricht ein brutales Vorgehen gegen andere Menschen den Grundsätzen unseres Gurus Buddha Shakyamuni. Wir können das nicht gutheißen. Jegliche Form von Gewalt entehrt Buddhas Lehre. Einzig und allein eine friedliche Vorgehensweise ist für Buddhisten akzeptabel, außer es handelt sich um die Abwehr eines Angriffs.

Obwohl es viele hundert Millionen Buddhisten und Buddhistinnen in Asien gibt, hat es bisher keine bedeutende buddhistische Partei hervorgebracht. Das irritiert zuerst einmal. Doch sehen wir uns die letzten Jahrhunderte an, waren sie geprägt von den Eroberungen durch das englische Königreich. Im Zeitalter des Imperialismus hatte sich die englische Gier große Teile Asiens einverleibt. Dabei wurden die indigenen Kulturen massiv unterdrückt. Viele Konflikte der heutigen Zeit begründen sich noch aus dieser Besatzung. Etwa erinnert der Konflikt in Myanmar sehr an den Tribalismus, den wir auch aus Afrika kennen und der eine Folgeerscheinung des Imperialismus ist. Was jedoch keine Rechtfertigung für Gewalt sein darf.

Es gibt in Asien bisher keine politische Tradition des Parlamentarismus, wie wir sie bei uns in Europa seit über zweihundert Jahren kennen. Oder anders gesagt, diese Tradition entsteht erst seit ein paar Jahrzehnten. So wie das Europa des Mittelalters war das Asien vor dem Imperialismus in Königreichen organisiert. Zwar machen Königreiche auch Politik, aber es gibt in ihnen in dem Sinne keine Parteien als eigenständige Organisationen. Königreiche sind de jure Ein–Parteien–Systeme oder vielmehr Ein–Mann–Systeme. Es hat auch buddhistische Könige und Dynastien gegeben, die den Buddhismus zur Staatsreligion erhoben haben. Der legendäre Ashoka ist das beste Beispiel dafür. Ich glaube, das hat dem Buddhismus moralisch nicht wirklich gutgetan, abgesehen davon, dass dadurch die Lehre über Jahrtausende hinweg überlebt hat. Ein Umstand, der nicht zu unterschätzen ist. Aber es hat eben auch die Art von machtgierigen Prälaten hervorgebracht, wie wir sie aus Europa kennen.

In einem Königreich ist jede Politik unmoralisch. Da die Macht des Einen zwangsläufig die Ohnmacht aller anderen bedeutet. Eben deshalb kann es echte buddhistische Politik nur innerhalb einer Demokratie geben, weil sie sich sonst an systemischer Unterdrückung beteiligen würden. Demokratien in Asien sind ein noch junges Phänomen. Viele von ihnen werden permanent bedroht, besonders durch das kommunistische China oder den religiösen Fundamentalismus. Dass es bisher keine große dezidierte buddhistische Partei gegeben hat, könnte deshalb auch ein Vorteil sein.

Das wichtigste Beispiel Asiens finden wir in Japan. Eine der größeren Parteien gilt dort als der verlängerte Arm einer großen buddhistischen Laienbewegung. Wenn ich es richtig verstehe, ist es in Japan gar nicht möglich, dass sich eine dezidiert religiöse Partei gründen darf, weil es gegen die Verfassung verstößt. Bei uns in Deutschland ist es normal und unser Land wird meistens von einer religiösen Partei geführt. Angesichts dessen, dass wir keinen Tenno/Kaiser mehr haben, würde ich unseren Grad an Demokratie höher einschätzen. Damit will ich sagen, dass Japan nicht weniger demokratisch wäre, wenn sie dezidiert religiöse Parteien zulassen würden.

Dieser Punkt ist nicht von der Hand zu weisen. Heutzutage gelten Demokratien grundsätzlich als säkular. Das bezieht sich vor allem auf die strikte Trennung von Staat und Kirche. Ursprung dieser Entwicklung ist der massive Missbrauch und die brutale Gewalt von Staaten, in denen Religion und Staat eins sind. In muslimischen Ländern sehen wir bis heute, wie die Vormacht des Islam mit brutaler Gewalt durch staatliche Gewalt gesichert wird. Aber solche Tendenzen zeigen sich auch in anderen Ländern. In kommunistischen Ländern gibt es die Trennung von Staat und Kirche. Dennoch wird das Volk unterdrückt und kein System legt mehr Wert auf totale Überwachung als das Sozialistische.

Gute und faire Politik kann von religiösen wie nicht–

religiösen Parteien gemacht werden. Das Gegenteil trifft genauso zu. Ob sie gute oder schlechte Arbeit leisten, hängt von ihrem moralischen Vorgehen und ihrer Weisheit ab. Die asiatischen Versuche, dezidiert buddhistische Politik zu machen, haben die Sangha nicht mit Ruhm bekleckert. Sie zeigen uns, dass auch der asiatische Buddhismus noch sehr viel Entwicklungsarbeit zu leisten hat.

Es verwundert nicht. Während Shakyamuni ein erwachtes Wesen war, sind wir Buddhisten nur einfache Menschen, mit allem, was dazu gehört. Wir sind nicht besser oder schlechter als die anderen. Was Menschen besser macht, sind Standards. Viele europäische und amerikanische Staaten haben hohe Standards im Bereich Demokratie, sozialer Wohlfahrt und medizinischer Versorgung für ihre Bevölkerung erreicht. Das ist es, was sie auszeichnet. Daran müssen wir uns orientieren. Die Gründung einer buddhistischen Partei ist nur dann ratsam, wenn sie das auch will und wenn sie weiß, wie das geht oder ernsthaft bemüht ist, es zu lernen.

Wir Buddhisten folgen einem Mann, der ein nahezu unerreichbares Level erreicht hat. Abgesehen davon sind wir ganz normale Menschen. Zu glauben, dass nur weil wir ihm folgen, uns das zu besseren Menschen macht, ist Ausdruck grenzenloser Dummheit. Das ernsthaft zu glauben, ist ein unumstößlicher Beweis für Arroganz. Wenn wir den Wertvorstellungen Buddhas wirklich folgen wollen, dann müssten wir uns durch Demut auszeichnen. Viele Buddhisten glauben leider, dass sie ihre Religion automatisch zu besseren Menschen macht. Das ist eine typisch menschliche Reaktion. Aber nur unsere Taten, Worte und Gedanken können uns zu besseren Menschen machen und nicht die Zugehörigkeit zu einer Gruppe.

Im Grunde dreht sich der zukünftige Erfolg einer buddhistischen Partei allein um diesen Streitpunkt: echte, gelebte und tief verwurzelte Ethik oder oberflächliche, an sozialen Konventionen ausgerichtete Ethik. Letzteres ist in seiner Endkonsequenz unethisch. Wenn man nur ethisch handelt, um soziale Standards zu erfüllen, ist das unethisch. Die Frage der Ethik ist als Basis für eine buddhistische Partei noch wichtiger als die Weisheit und der mit ihr folgende Erfolg. Ein Haus muss auf einem festen Fundament stehen, dann wird auch das Dach (hier die Weisheit) feststehen und schützen können.

Ich sage das mit Verlaub und nur weil es nicht anders geht, aber das ethische Niveau oder die Umsetzung der Silas scheint mir in den asiatischen Ländern mit vielen Buddhisten nicht gut gelungen zu sein. Ich kann ihnen nur empfehlen im Gedenken an den Buddha, ihre Praxis besser zu reflektieren. Die Erkenntnisse, die aus dem echten Dharma hätten gezogen werden können, hätten ihnen dazu verhelfen können, sozio–ökonomisch deutlich besser abzuschneiden. Aber statt sich auf die Lehren des Dharma voll und ganz zu verlassen, steht im Zentrum ihrer Praxis das Ausführen traditioneller Riten.

Der Buddhismus ist nicht gegen die Traditionen, aber zugleich ist der Buddhismus die einzige mir bekannte Religion, die konkret sagt, dass das Festhalten an Riten und religiösen Traditionen den spirituellen Fortschritt behindert. Das steht eindeutig so in den heiligen Texten und unter dem Stichwort Samyojana oder zehn Fesseln. Ich glaube, dass, wenn die asiatischen Buddhisten diesen Punkt verstanden und umgesetzt hätten, der Buddhismus heute die bedeutendste Kultur Asiens sein würde. Was er nicht ist, da er nur eine von vielen ist, die zudem starker Verdrängung durch andere Kulturen ausgesetzt ist.

Was in der Lehre des Buddha steckt, ist eine Weisheit, die seinesgleichen auf der Welt sucht. Das ist der Grund, warum ich zum Buddhismus konvertiert bin. Ich habe mich durch alle möglichen Religionen und Philosophien gegraben. Eine größere Weisheit habe ich in keiner geistigen Tradition der Erde gefunden. Als Konvertit bin ich übrigens nicht so ungewöhnlich. Auch die ersten fünfhundert Arhats inklusive Ananda und Mahakassapa waren Konvertiten. Sie waren zuerst als polytheistische Naturreligiöse geboren worden, genauso wie ich.

Nun habe ich mich entschieden, beides weiterzuleben, was ganz mit den Grundsätzen des Buddhismus konform geht. Etwa gibt es sehr viele Tibeter, die sowohl den naturreligiösen Bon als auch den Buddhismus praktizieren. In Japan ist es ähnlich mit dem Shinto und seinen vielen Göttern (Kami) und den dortigen buddhistischen Richtungen und Sekten. Was wie bei mir und ihnen allen zu beobachten ist, ist die naturreligiöse Praxis im Alltag und im höheren, geistigen Bereich, das Stützen auf die Weisheit Buddhas. Sie ist für uns die beste Manifestation der Weisheit, die bisher unter Menschen dokumentiert worden ist.

Buddha Shakyamuni hat sich seine Weisheit hart erarbeitet. Wahrscheinlich besaß er von Natur aus bereits eine hohe angeborene Intelligenz. Aber die besitzen viele. Dennoch nutzte er diese Gabe und veredelte sie auf nie gekannte Weise. Wenn wir von Weisheit reden, dann meinen wir eine mit der Intelligenz verwandte Eigenschaft. Aus buddhistischer Sicht ist Weisheit von fundamental höherer Natur. Ist die Intelligenz bereits schwer zu messen, wird es mit der Weisheit noch schwieriger. Besonders für eine Wählerin ist es nahezu unmöglich zu bestimmen, ob ein Politiker über echte Weisheit verfügt oder einfach nur Charme besitzt, um sich gut darstellen zu können. Was natürlich ein Grundproblem der Wahlen des digitalen Zeitalters ist, da zu häufig die charismatischen Politiker die Fähigen schlagen.

Weisheit erfasst das wahre Wesen einer Sache. Es sieht durch die Schleier des Erscheinens auf den Grund der Dinge. Dass die Dinge nicht so sind, wie sie erscheinen, sollte jedem klar sein. Außerdem verhindern unsere unreflektierten geistigen Filter einen klaren Blick auf die Welt. Das ist ein großes Problem, dessen Lösung eine der Hauptaufgaben der Meditation ist. Das ist ein langwieriger Prozess. Obwohl ich schon viele Jahre daran arbeite, merke ich immer wieder, wie schnell mich Vorurteile und unbewusste Ängste geistig gefangennehmen. Je mehr Weisheit jemand besitzt, desto weniger handelt er als Opfer dieser kognitiven Verzerrungen.

Wenn wir von einer buddhistischen Partei reden, dann meinen wir damit eine Organisation, die Silas und Weisheit kultiviert. Das sind die zentralen Charakteristika. Gewählt zu werden, wird dem nachgeordnet. Es geht wirklich primär nicht darum, gewählt zu werden. Ich würde es in der Taxonomie sogar erst an dritter Stelle platzieren und es dem Altruismus nachordnen. Der Unterschied zu einer konventionellen Partei ist somit dramatisch. Denn diesen Parteien geht es in erster und letzter Instanz darum, gewählt zu werden. Denn sie wollen die Macht, ihre Interessen durchsetzen zu können.

Selbstverständlich will auch die buddhistische Partei ihre Ideen umsetzen, aber das ist nicht das Wesentliche. Denn wenn die buddhistische Partei ihre Interessen auf Biegen und Brechen durchbekommt, aber dabei die Silas nur wenig einhält, dann hätte sie das Erbe des Buddhas beschmutzt. Bevor die buddhistische Partei nach außen geht, um Wählerstimmen zu gewinnen, geht sie zuerst in sich selbst. Sie reflektiert sich und löst die inneren Knoten und mentalen Verhärtungen, die sich sonst negativ auf Entscheidungen auswirken würden. Diese Reihenfolge entspräche dem Buddha–Dharma.

Gier, Hass und Dummheit sind die Quellen des Leidens. Deswegen müssen sie aus der Politik herausgehalten werden. Der Konflikt mit den Muslimen zeigt das ganz deutlich. Bis heute greifen sie Buddhisten an und verüben Bombenanschläge weltweit gegen Buddhisten und andere Glaubensgemeinschaften. Das gibt uns jedoch nicht das Recht, gewalttätig gegen sie vorzugehen, wie es in Myanmar geschieht. Denn auch unter den Muslimen gibt es viele, die keine Gewalt wollen und die mit uns in Frieden zusammen leben und arbeiten wollen.

Natürlich ist es schwer, seinen Idealen gerecht zu werden. Zu glauben, dass nur weil wir BuddhistInnen sind, wir es einfacher haben oder besser hinkriegen als die anderen, ist ein gefährlicher Irrtum. Im Grunde unterscheidet sich ein durchschnittlicher Buddhist kaum von einem Mitglied einer anderen Religion. Wir haben mehr gemeinsam, als was uns unterscheidet. Der beste und vielleicht einzig echte Weg, seinen Idealen gerecht zu werden, ist die Meditation. Mit ihr schließt sich der Kreis. Wir hatten festgestellt, dass Weisheit und Silas zwei Säulen einer buddhistischen Partei sein müssen. Wir ergänzen das jetzt durch die dritte Säule: die Meditation.

Sich selbst erkennen zu können, gilt als Ausgangspunkt, um Teil einer besseren Politik zu werden. Auf diese Art würde sich die Meditation indirekt auf die buddhistische Partei auswirken. Denn eine Partei, deren Mitglieder sich in hohem Maß selbstreflektiert haben, agiert anders und sie wird auch andere Parteien, als auch die politische Landschaft im Ganzen positiv beeinflussen.

Wir erinnern uns an die drei Teile des Buddhismus. Klar, für den Begabten und Fleißigen besteht der Pfad aus acht Teilen. Aber um es leichter zu machen, vielleicht für Leute, die noch in der Welt mit ihren Familien und Geschäften sind, wurde der achtfache Pfad in drei Teile eingeteilt. Diese drei Teile können als guter Gradmesser sowohl für einzelne PolitikerInner als auch für die Partei im Ganzen genommen werden. Unabhängige Institute könnten diese Messung vornehmen. Am besten wäre es natürlich, wenn sich die buddhistischen PolitikerInnen ernsthaft transparent verhalten und ihre politische Praxis wahrheitsgemäß mit ihren Wählern kommunizieren.

In jeder echten Demokratie müsste es erlaubt sein, eine buddhistische Partei zu gründen. Natürlich könnten es auch mehrere buddhistische Parteien sein. Mir fällt kein moralisch vertretbarer Grund ein, warum es verboten werden dürfte. Natürlich muss eine Demokratie säkular sein. Damit verhindert sie, dass eine religiöse Partei wieder Missbrauch betreibt, wie es die Kirche in Europa getan hat. Als weltliche Machtträger haben sie Kriege geführt, vergewaltigt und im ganz großen Stil ganze Landstriche ausgeplündert. Das ist nicht akzeptabel, sollte aber nicht als Vorwand verwendet werden, warum sich einzelne Religiöse nicht als Partei organisieren dürfen.

Was ist die Aufgabe einer buddhistischen Partei? Sie vertritt die Meinung ihrer Mitglieder. Im weiteren Sinne vertritt sie die Interessen des Buddhismus. Die erste Aussage gilt uneingeschränkt. Die Leute, die der Partei beigetreten sind, wollen sich von ihr vertreten lassen. Dem Anspruch, alle BuddhistInnen vertreten zu wollen, kann keine Organisation gerecht werden. Es gibt aktuell einige hundert Millionen Buddhisten. Das ist eine viel zu große Gruppe mit zu vielen unterschiedlichen Sichtweisen und Meinungen, als dass sie alle gleichermaßen vertreten werden könnten.

Wir Buddhisten und Buddhistinnen haben Wünsche und Bedürfnisse. Eine buddhistische Partei ist dafür verantwortlich, diese zu sammeln und in ihr politisches Programm aufzunehmen. Damit endet es natürlich nicht. Die Partei muss sich hinsetzen und für die Wünsche und Bedürfnisse Konzepte entwickeln, wie sie umgesetzt werden können. Denn einen Wunsch zu haben, ist leicht. Die wahre Herausforderung besteht darin, ihn wirklich real umzusetzen.

Natürlich macht die buddhistische Partei auch Werbung für den Dharma. Das ist nicht anrüchig gemeint und definitiv darf es nicht auf übergriffige Art geschehen, weil das Buddhas Lehre beschämen würde. Aber es gibt legitime Mittel, seine Überzeugung bekannt zu machen und so neue Mitglieder zu gewinnen, die sich davon angesprochen fühlen und bereit sind, mitzumachen. Die bekanntesten sind sicher die Wahlplakate und Werbespots im TV. Derzeit greifen die Parteien besonders gern auf Social Media zurück und erstellen fleißig Content. Ältere und traditionellere Wege sind die Demonstrationen oder öffentliche Debatten. Die buddhistische Partei muss sich in allem eine Expertise erarbeiten.

Ich bin immer noch der Meinung, dass es nicht das erste Ziel der buddhistischen Partei sein darf, aber trotzdem geht es darum, von vielen gewählt zu werden. Nur wem es gelingt, genügend Wählerstimmen auf sich zu vereinen, bekommt die Chance, seine Ziele zu erreichen. Die daraus folgende Arbeit auf den regionalen, nationalen und internationalen Ebenen eröffnet erst die Möglichkeit, die Konzepte und Pläne zu realisieren und dadurch die Gesellschaft zu bereichern.

Dass unsere Welt politisch in die falsche Richtung läuft, kann niemand mehr leugnen. Die Autokraten werden immer dreister und in den Demokratien sind oligarchische Tendenzen als auch eine abgeschlossene Politikerkaste, die die Bindung zu ihrem Wahlvolk zugunsten internationaler Positionen verloren hat, unübersehbar. Die buddhistische Partei muss dem entgegenwirken. Wir hatten zu Zeiten des Falls der Berliner Mauer weltweit erstmals ein Momentum erreicht, das Hoffnung machte. Aber spätestens mit dem Ukrainekrieg und den anderen Krisenherden, die seitdem heißer kochen als je zuvor, weiß jede:r, wir haben dieses Momentum verloren. So wie es einst geschafft wurde, das politische Schiff in die richtige Richtung zu lenken, kann es wieder geschafft werden. Natürlich muss sich die buddhistische Partei an dieser positiven gesellschaftlichen Entwicklung beteiligen.

Der Aufstieg der Populisten im letzten Jahrzehnt scheint damit begründet, dass die vernünftigen PolitikerInnen es verlernt haben, in lebendiger Verbindung zum Volk zu bleiben. Mit Populisten meine ich nicht nur die Rechten, sondern ebenso die linken und fundamentalistischen Populisten, die Menschen mit billigen Versprechen ködern. Dann machen sie ihre Anhänger wütend und säen in ihnen ständig die Samen der Gewalt. Wir haben das jetzt ein Jahrzehnt bei uns beobachtet. Angefangen mit den Linken, die aggressiv gegen alles vorgegangen sind, was nicht ihrer Meinung folgt. Gefolgt von den anderen beiden Lagern, die noch deutlich aggressiver agieren.

Die lebendige Verbindung zwischen Staat und Volk ist das Herz der Demokratie! Natürlich kann beides nicht ohne das andere existieren. Der Staat verliert seine Existenzgrundlage ohne das Volk. Und ein Volk wird ohne Staat, als die Organisation, die alles zusammenhält, sich schon bald in alle Winde zerstreuen. Leider hat in den letzten Jahrzehnten die qualitative Entwicklung dieser Verbindung nicht mit der technologischen Entwicklung mithalten können. Das ist schade, vor allem weil in vielen Bereichen diese Verbindung loser zu werden scheint.

Das nutzen populistische und extremistische Parteien schamlos aus. Sie geben den Wählenden das Gefühl, mit ihnen auf Augenhöhe zu sein. Etwas, woran die etablierten Parteien dieser Tage scheitern. Sie geben uns das Gefühl, im Elfenbeinturm zu sitzen und die Sorgen und Nöte des Volkes gar nicht mitzukriegen. Keine extremistische oder populistische Partei hat ernstzunehmende Lösungen für die Probleme anzubieten. Aber sie täuschen es gut vor.

Kann eine buddhistische Partei eine echte, lebendige Beziehung zur breiten Bevölkerung kultivieren? Sie kann es dann schaffen, wenn sie glaubwürdig bleibt. Ich betone, sie kann es nur dann. Das führt uns zu dem schon zuvor Gesagten zurück: die Silas. Nur wenn die Mitglieder der buddhistischen Partei die Silas wirklich leben, gibt es Hoffnung auf echte soziale Verbesserungen. Leben meint hier, dass sie nicht nur dann ihre Silas präsentieren, wenn die Kameras an sind oder wenn sie Content für Social Media produzieren, sondern auch sonst. Diese Quintessenz ist die Voraussetzung für langfristigen Erfolg. Denn es ist leicht, die Silas nicht ernst zu nehmen, weil einem in diesem Moment nicht der Vorteil bewusst ist. Aber der große Vorteil liegt in ihrer langfristigen Wirkung. Die ist eben nicht nur nicht kurzfristig sichtbar, oft wirkt es kurzfristig sogar wie ein Nachteil. Aber nur wer langfristig denkt und handelt, kann langfristig erfolgreich sein.

Eine buddhistische Partei muss ihre Hauptaktivitäten auf die Schulung, Ausbildung und Erziehung richten. Wieder widerspreche ich dem politischen Mainstream. Alle wollen gewählt werden. Aber ich sage, dass es für eine Partei viel wichtiger ist, die Silas einzuhalten und ihre Mitglieder zu schulen. Ich würde sogar so weit gehen, zu sagen, dass man erst einmal Jahre in das Training und die Schulung der Parteimitglieder investieren sollte, bevor man ernsthaft zur Wahl antritt. Natürlich kann man sich trotzdem in die Listen eintragen lassen. Aber das sollte anfangs nur sekundär sein und dazu dienen, um mehr Erfahrungen zu sammeln.

Sind die Mitglieder nicht genügend trainiert, wird die Partei schnell zerfallen, weil sie sich in kleingeistigen Debatten entzweien wird. Dafür gibt es ausreichend empirische Belege. Deshalb sollten die zukünftigen buddhistischen PolitikerInnen sich erst einmal auf den Hosenboden setzen und das politische Einmaleins lernen. Das muss natürlich nicht nur trockene Theorie sein. Sie können rausgehen und ihre Fähigkeiten in öffentlichen Debatten erproben. Oder sie gehen von Haus zu Haus und machen Werbung für den Dharma in der Bevölkerung oder sie helfen in Suppenküchen oder im Altenheim, um zu spüren, wo der Schuh im Land drückt.

Eine buddhistische Partei sollte alle Ressourcen in die Ausbildung investieren. Das wird ihr helfen, langfristig als Partei und im Besonderen als buddhistische Partei zu überleben. Beides ist nicht dasselbe, aber die Lösung für beides ist dieselbe. Das beginnt bei gutem Online-Content und der Programmierung von Lern–Apps, um den Dharma zu verinnerlichen. Es geht weiter mit Studiengruppen und einem passenden Studienprogramm. Es endet im Aufbau von Schulungszentren jeglicher Art.

Bildungseinrichtungen sind nicht das Einzige, was die buddhistische Partei braucht. Natürlich braucht sie auch

Büros in den Stadtteilen oder in den kleinen Städten. Abgesehen davon, dass sie zur Schulung genutzt werden können, sind sie natürlich ein Anlauf für Interessierte. Sie könnten sogar ein Ort für Meditationsabende und Pujas sein. Die BP darf gern regelmäßig zu Meditationen für den Weltfrieden einladen. Daneben muss es auch ein Ort für politische Debatten und Pressekonferenzen sein. Zudem können diese Büros für kulturelle Veranstaltungen geöffnet werden, von denen das jährliche Vesakhfest das wichtigste ist.

Eine buddhistische Partei kann sich nicht auf das politische Geschäft beschränken. Mag das für andere Parteien die Normalität sein, so wäre das für eine BP unangemessen, weil es nicht der tiefgründigen Lehre des Buddha–Dharma gerecht werden würde. Definitiv ist die BP ein Teil der Sangha und sich an ihr aktiv zu beteiligen, bringt genauso viel gutes Karma, wie die Teilnahme in jeder anderen Sangha, solange die BP sich streng an die Silas hält. Es spricht moralisch nichts dagegen, wenn die buddhistische Partei Angebote für jeden Lebensbereich macht. Das beginnt beim Studienprogramm, geht weiter über kulturelle Treffen für die Jugend mit viel Action und Musik. Es gibt buddhistischen Rock, Pop und Rap. Warum sollten dafür keine spezifischen Konzerte veranstaltet werden, um der Jugend einen Weg zu schenken, sich ganz natürlich auf Buddhas Pfad einlassen zu können? Es spricht auch nichts dagegen, Sportveranstaltungen für den Nachwuchs zu organisieren.

Die buddhistische Partei kann auch die Schirmherrin für die vielen Künstler und Künstlerinnen werden, die explizit buddhistische Kultur, Malerei und Filme produzieren. Kleine Künstler haben es sehr schwer, besonders wenn sie tiefgründige Kunstwerke herstellen, welche nicht zur oberflächlichen Konsumgesellschaft passen. Indem wir buddhistischer Kunst Orte, Plattformen und Netzwerke zur Verfügung stellen, könnten wir wirklich helfen. Kreativität und Spiritualität haben sich seit jeher befruchtet und tolle Früchte hervorgebracht.

Ob wir den Versuch wagen, eine buddhistische Partei zu gründen, weiß ich nicht. Ich wollte hier aufzeigen, dass es möglich ist und in jeder echten Demokratie möglich sein muss. Bei einer BP ist vieles anders als bei anderen Parteien. Es geht weniger um das Wahlergebnis, das sekundär ist. Es geht um die Silas und um die Weisheit, die versteht, soziale Missstände zu heilen.

Weisheit in der Politik

Immer wieder Weisheit!? Ich habe mich für das Mahayana entschieden. In dessen Zentrum steht die Weisheit, die als Prajna Paramita bezeichnet wird und sich im Ideal der Bodhisattvas manifestiert. Die Frage ist, ob Weisheit auch in der Politik einen Platz verdient?

Weisheit an sich meint ein umfassendes Verständnis, das gepaart ist mit bestimmten moralischen Standards. Im Buddhismus wird dies als die Verbindung von Weisheit und Mitgefühl bezeichnet. Gerade im Mahayana wird beides als untrennbar angesehen. Wir können es uns als zwei Seiten einer Medaille vorstellen. Bei Manjushri dem

Bodhisattva, der mit großer Weisheit assoziiert wird und besonders im Zen verehrt wird, findet es sich als das zweischneidige Schwert. Es meint hier keine Waffe, um zu schaden. Doch es soll die Macht der Weisheit zeigen, die Dummheit zu zerschneiden.

Weisheit bedeutet ein tiefgehendes Verständnis. Diese Eigenschaft würde ich mir von den heutigen Politikern wünschen. Dieser Tage hat mein Heimatland einen Wirtschaftsminister, der nur einen Magister in unserer Heimatsprache und ansonsten keinerlei ökonomische Erfahrungen besitzt. Seine Politik führt aktuell zu tiefen Verwerfungen in der Wirtschaft des Landes. Abgesehen von seiner Inkompetenz ist das natürlich ein Zeichen von Narzissmus oder völliger Selbstüberschätzung aufgrund eines zu großen Egos. Menschen leiden, wenn solche Politiker in ihrer Blindheit handeln.

Weisheit beinhaltet die Fähigkeit, Probleme zu lösen. Dies setzt ein ganzheitliches Verständnis voraus. Denn ein Problem lösen zu wollen, ohne es in seinem komplexen Bedingungsgefüge zu erfassen, wird dazu führen, dass die Lösung übermäßig viele Folgeprobleme auslösen könnte. Letztendlich löst alles, was wir tun, eine lange Kette an Reaktionen aus. Einige davon sind gut, andere sind schlecht. Nur einem voll erwachten Buddha ist es möglich, das alles zu erfassen. Das bedeutet zwangsläufig, dass wir mit allem, was wir tun, auch neue Probleme auslösen können. Die Weisheit ist unter diesem Blickwinkel die Fähigkeit, möglichst wenige Folgeprobleme auszulösen.

Weisheit meint geistige Beweglichkeit. Als Gegenbild können wir uns vielleicht den Tunnelblick vorstellen, wo jemand nur noch eingeschränkt denken kann und sich mental total versteift. In solch einem Fall kommen dann nur noch verkrampfte und verblendete Gedanken heraus. Das führt oft zu gewalttätigen Ausbrüchen. Denn ein solch eingeschränktes, geistiges Blickfeld wird sich früher oder später körperlich Luft machen wollen. Dem steht die geistige Beweglichkeit entgegen, die sich frei im geistigen Raum bewegen kann und nicht an Meinungen festklebt, sondern sich völlig unabhängig von alten Standpunkten lösen kann, falls es Lösungen gibt, die ein moralischeres und effizienteres Ergebnis versprechen.

Es gibt natürlich unverrückbare Tatsachen, aber das hat mit Meinungen nichts zu tun. Die drei wesentlichen Tatsachen, die Buddha nennt, sind die allumfassende Unbeständigkeit, das Leidenspotential in allen Wesen und das legendäre Anatta, das darauf hinweist, dass kein Wesen aus sich heraus inhärent ist. Abgesehen davon sind alles Meinungen.

Kann ein buddhistischer Politiker jede Meinung vertreten oder sich zu jeder Meinung hinwenden? Absolut nicht, denn es gibt die Silas und es gibt das Gesetz des Karma. Über die Silas haben wir bereits gesprochen. Mehr noch ist das Verständnis des Karmas ein Beleg für echte Weisheit. Im Pali heißt es Kamma Vipaka. Das eine ist die Handlung und das andere bezieht sich auf die Reifung der Tat oder das Ergebnis der Handlung. Es ist das Gesetz des Karma, das besagt, dass jede Aktion eine moralische Bedeutung hat. Gute Handlungen rufen gute Ergebnisse hervor. Wer hingegen mit Gier, Hass und Dummheit handelt, wird in eine Richtung laufen, wo er oder sie selbst Opfer von Gier,

Hass und Dummheit wird.

Karma ist in den letzten Jahrzehnten zu einem weltweiten Phänomen geworden. In gefühlt jedem zweiten Video auf den vielen Social-Media-Plattformen wird über Karma gesprochen. Wirklich jeder hat ein Grundverständnis von Karma. Das ist gut, denn wir brauchen einen moralischen Kompass. Das Karma kommt ganz und gar ohne eine Persönlichkeit wie einen Richter, Polizisten, Teufel oder Gott aus. Es heißt nichts anderes, als dass wir ernten, was wir säen. Etwas spiritueller ausgedrückt bedeutet es, dass sich unser Geist zu dem hinwendet, was wir regelmäßig tun. Wer ständig Gewalt sät, wird in einer gewalttätigen Umgebung enden und wer anderen beständig hilft, dem wird geholfen werden.

Karma genau zu verstehen, ist für uns unmöglich. Buddha äußerte sich dazu eindeutig, indem er sagte, dass nur ein Vollerwachter die Wege des Karma komplett verstehen kann. Das begrenzt unser Verständnis natürlich, aber das wussten wir schon, falls wir Buddhisten sind. Buddha lehrte über den Kreislauf der Wiedergeburten. Das ist eine so essentielle Wahrheit im Buddhismus, dass wer sie nicht akzeptieren kann, eben kein Buddhist sein kann. Das Karma entsteht zum Großteil aus den Leben vor der eigenen Geburt. Das zu sehen, soll eine der Gaben sein, die den Buddhas und hohen Göttern vorbehalten ist.

Dennoch reicht das Wissen um das karmische Gesetz als Richtschnur der eigenen Politik. Als Kind hat man uns als goldene Regel beigebracht: Was du nicht willst, dass man dir tut, das tu auch keinem anderen an. Ad hoc lässt sich das karmische Gesetz so beschreiben. Aber in Wahrheit verbirgt sich dahinter viel mehr. Hunderte Bücher sind über Karma geschrieben worden. Es ist ein Studienobjekt für jede Buddhistin und jede buddhistische Politikerin sollte es beachten, bevor sie handelt.

Weisheit besitzt große Macht. Meiner Meinung nach ist sie die Macht, die den derzeitigen Demokraten fehlt und weshalb sie im Verhältnis zu den Autokratien zum ersten Mal seit Jahrzehnten ins Hintertreffen geraten sind. Diese tragische Entwicklung reiht sich in eine ganze Reihe an Rückschlägen ein, mit welchen die freien Länder umgehen müssen. Damit will ich übrigens nicht sagen, dass die freien Länder perfekt sind. Aber ich widerspreche auch denen, die ihnen diktatorische Züge unterstellen. Denn was in den Autokratien an täglicher Menschenrechtsverletzung begangen wird, ist traumatisierend. Das beginnt bei dem Zwang für Frauen, Kopftücher tragen zu müssen und endet bei den schrecklichen Foltern in Arbeitslagern wie den chinesischen Laogai.

Wer in den letzten Jahren die Nachrichten verfolgt hat, dem hat sich der Eindruck aufgezwungen, dass die Welt am Abgrund steht. Nun, in Wahrheit ist es noch deutlich schlimmer, als das, was sie in den Nachrichten zeigen. Aber das ist zeitgleich nur die eine Seite der Geschichte. Zugleich leben wir in einer Zeit mit mehr Möglichkeiten, Chancen und Sicherheiten als je zuvor. Das beginnt bei den Fortschritten in der Medizin und hört bei den vielen exzellenten Universitäten auf.

Wir sind eine Zeit der Extreme. Es ist deshalb schwer, den richtigen Weg zu finden. Buddha selbst stand auch vor diesem Dilemma. Da gab es auf der einen Seite das Leben im Palast mit seiner Familie. Diener kümmerten sich um alles. Er wurde gut unterhalten und musste sich niemals Sorgen machen. Auf der anderen Seite gab es das Leben der Askese. Zu Buddhas Zeit war die Bewegung der Asketen sehr extrem. Sie setzten sich den schwersten und härtesten Entbehrungen aus, um spirituelle Erkenntnis zu erlangen oder um die Größe ihres Glaubens zu beweisen. Buddha testete beide Wege und kam dann zu der Erkenntnis des mittleren Weges zwischen den Extremen der Sinnenlust auf der einen Seite und der Askese auf der anderen Seite. Deshalb wird der Buddhismus auch als der mittlere Weg bezeichnet.

Wir stehen an derselben Stelle wie Buddha. Wir können glauben, dass alles schlecht ist oder uns nur vom Luxus der schönen Welt berauschen lassen. Keiner der beiden Wege wird uns letztendlich glücklich machen und keiner der beiden Wege trifft wirklich die Wahrheit. Die Wahrheit liegt zwischen den extremen Sichtweisen; diesen Hinweis hinterließ uns Buddha. Wir sollten ihn ernst nehmen und wenn wir merken, dass wir ins Extrem abgedriftet sind, dann sollten wir eine Kurskorrektur vornehmen. Weisheit ist hier gefragt, um das richtige Maß zu finden.

Unsere Erde und die Menschen, die auf ihr leben, haben eine weisere Politik verdient. Das bezieht sich auf unsere gewählten Volksvertreter, die uns das Gefühl vermitteln, sich immer leichter von Lobbyisten lenken zu lassen, als den echten Bedürfnissen des Volkes gerecht zu werden. Es bezieht sich noch viel mehr auf die Autokraten, die trotz der zahllosen gegenteiligen Beweise aus der Geschichte immer noch glauben, es gäbe auch nur die geringste

Möglichkeit, dass das, was sie tun, moralisch sein könnte. Die buddhistische Politik kann die Antwort auf dieses Bedürfnis sein. Wiederum steht hier wieder bewusst, dass sie es sein kann. Zu glauben, dass nur weil buddhistischer Politiker draufsteht, gleich mehr Weisheit drinsteckt, ohne einen Beweis dafür zu fordern, wäre ziemlich idiotisch. Abschließend hoffe ich, es wird in Zukunft viele junge Menschen geben, die diese Weisheit erlangen.

Der Platz der Meditation in der Politik

Ob die Meditation in die Politik gehört, ist eine spannende Frage. Sehen wir uns das zentrale Betätigungsfeld der Politik an, dann scheint dort für eine Praxis wie die Mediation kein Bedarf zu bestehen. Es ist sogar fraglich, ob überhaupt Platz dafür wäre?

Mir fällt ein Bericht ein, den ich vor Jahren gelesen habe. Ein sehr berühmter Meditationsmeister hat mit einigen Abgeordneten aus den USA einen Kurs in Achtsamkeit und Meditation abgehalten. Zuerst einmal berichteten die Teilnehmenden davon, dass es ihnen half zu entstressen. Was an sich schon ein gutes Ergebnis wäre. Sie haben sie noch einmal einige Wochen später befragt, wie sich der Kurs auf ihr Leben ausgewirkt hat.

Ein Abgeordneter berichtete, dass er seitdem regelmäßig meditierte. Auch andere taten das und sie beschrieben übereinstimmend, wie es sich sehr positiv auf ihre Arbeit ausgewirkt hatte. Wichtige Entscheidungen, die sie vorher unreflektiert getroffen hätten, trafen sie viel achtsamer. Zudem machte es den Eindruck, dass sich die Meditation mittelfristig stressreduzierend ausgewirkt hatte.

Damit haben wir schon zwei echte Vorteile, wie sich die Meditation auf die Politik auswirkt. Beide finde ich sehr relevant und sie sind es wert, von uns genauer betrachtet zu werden.

Beginnen wir mit dem Thema Stress. Dieses Phänomen spielt seit Jahren in der Literatur zu den Themen Beruf, Arbeit und Karriere eine immer größere Rolle. Die Menschen heute sind sehr gestresst. Manche sagen, dass sie weniger belastbar sind als früher. Manche sagen, dass es an der Dauerbelastung durch die digitale Technik liegt. Sie hat dazu geführt, dass uns die Arbeit quasi überallhin verfolgt und wir uns nicht mehr abgrenzen und darum auch nicht mehr gut regenerieren können. Wahrscheinlich liegt die Wahrheit irgendwo in der Mitte und zusätzlich wird es noch andere Gründe geben.

Feststeht, dass Stress ein großes Problem für fast alle von uns ist. Falls die Meditation den Stress wirklich nachhaltig senken kann, würde das ein großer Nutzen für Politiker und Politikerinnen sein. Nun, das Ziel von Buddhas Lehre ist es, das Leiden zu reduzieren. Da die Meditation ein zentrales Element des Dharma ist, wird sie sicher etwas mit Heilung zu tun haben. Buddha hat mehrfach in seinen Reden beschrieben, wie die meditative Praxis den Geist von schmerzenden Gedanken reinigen kann. Leider hat er nicht explizit über das Thema Stress gesprochen. Sodass, wir seine Anmerkungen dazu nur indirekt auf das Thema beziehen können. Doch dann wird die Sachlage eindeutig:

Die richtige Meditation (Samma Samadhi) kann unser Stresslevel senken.

Ein Mittel gegen den Stress zu haben, ist wie eine Wunderwaffe. Stress kann wie ein Leck im eigenen Schiff sein. Während wir über den politischen Ozean segeln, dringt etwas in uns ein, das uns sinken lässt. Das ist keine schöne Vorstellung. Heutzutage wird dieses Phänomen als Burn-out–Syndrom bezeichnet. Es kommt häufiger vor, als wir uns das eingestehen wollen. Viele arbeiten trotz Burn–out weiter, weil sie sich ihren Wählern verpflichtet fühlen. Das ist zwar auf der einen Seite lohnenswert. Andererseits kann Stress einen negativen Halo–Effekt haben. Er wirkt sich auf die Entscheidungen aus und beeinflusst sie und zwar nicht zum Vorteil für Volk und Staat.

Dieser Halo–Effekt tritt nicht nur wegen Stress auf. Auch Ängste beeinflussen politische Entscheidungen. Als Buddhist glaube ich, dass ein freier und klarer Geist die besten Entscheidungen trifft. Solange aber unser Geist von Stress geplagt und von Ängsten beherrscht wird, können wir keine klaren Entscheidungen treffen. Aber sowohl gegen den Stress als auch gegen die Ängste kann die Meditation ein Mittel sein.

Ich sage hier wieder kann, wie so oft in diesem Buch. Denn Meditation ist nicht gleich Meditation. Es gibt viele Arten von Meditationen. Es gibt auch Meditationen aus anderen Bereichen als dem Buddhismus. Aber auch innerhalb des Buddhismus gibt es mindestens über hundert Formen der Meditation. Leider haben sehr viele Vereine und Geschäfte, die in Europa und den USA Meditation anbieten, nur ein begrenztes Kompetenzlevel. Wenn man sich also auf den Pfad der Meditation begibt, darf man unter keinen Umständen davon ausgehen, dass die ersten drei, vier Meditationslehrer einem bereits die Meditation lehren werden, welche die Macht besitzt, den Stress zu verringern und die Ängste aufzulösen. Es ist wichtig, sehr kritisch zu sein; nur höflich und freundlich sein ist aus buddhistischer Sicht noch wichtiger.

Wir hatten den Punkt der Achtsamkeit angesprochen. Das Wort geistert ähnlich häufig wie das Wort Karma seit einem Jahrzehnt durch die Medien. Einige können es schon gar nicht mehr hören. Was ich persönlich nicht nachvollziehen kann, außer die Person kann sich nicht achtsam genug auf die Achtsamkeit einlassen.

Im Deutschen wurde das ursprüngliche Wort auch mit Wachsamkeit oder Gewahrsein übersetzt. Gerade das Wort Wachsamkeit passt sehr gut zum traditionellen Wesen der Deutschen. Das finde ich übrigens gar nicht schlecht. Man ist wachsam, also man passt auf. Was muss man dafür tun? Genau, man muss genau aufpassen, um zu erkennen, was vor sich geht. Und man muss die Zusammenhänge richtig verstehen. Denn etwas nur zu sehen ist schön, aber die Wahrheit warum Dinge geschehen liegt tiefer. Unser Gehirn erschließt sich die Zusammenhänge meist automatisch. Aber genau hier liegt das zentrale Problem und der große Mehrwert, den Achtsamkeit auch für die Politik leisten kann.

Denn wenn wir etwas sehen, dann baut unser Geist völlig automatisch ein mentales Konstrukt um das Gesehene herum, um es einordnen zu können. An sich ist das eine großartige Leistung und es gibt bisher keine Spezies auf der Erde, die vergleichbares leisten kann. Leider sind die Muster, Schlüsse und Kontexte, die unser Gehirn ad hoc bildet, nicht fehlerfrei.

Bei der Achtsamkeit im Buddhismus geht es in der zweiten Stufe darum, sich selbst zu erkennen. Buddha erklärte ziemlich verständlich, dass wir nicht das sind, was wir denken. Mag das für europäisch geschulte Menschen erst einmal verwirrend klingen, es macht Sinn, wenn man sich selbst ganz genau wahrnimmt. Wir können uns die Gedanken mehr wie Wolken am Himmel vorstellen. Je nachdem, wo wir hinfahren oder wie das Wetter ist, entstehen andere Kategorien von mentalen Konstrukten und mentalen Bildern. Gewitter können wir uns vielleicht als Wut vorstellen. Der schöne, strahlende Sonnentag hingegen bringt freudige Gedanken hervor. Anders gesagt, entstehen Gedanken mehr als Reaktionen auf die Umwelt, denn als ein Ausdruck unseres inhärenten Selbst.

Während der Meditation geht es darum, seinen Blick nach innen zu richten. Wir gucken uns selbst ins Gesicht. Wir vergessen für einige Momente die Welt da draußen und geben uns ganz unserer ureigenen Innenwelt hin. Diese Innenschau führt nach regelmäßigem Üben dazu, dass wir nicht nur unsere Gedanken erkennen, sondern wir lernen auch, die Muster zu erkennen, aus denen sie hervorgehen. Diese Muster treten so schnell auf, dass sie oft unbewusst und unkontrolliert sind. Das ist einerseits gut, denn wir müssen schnell sein, um in dieser hektischen Welt effizient funktionieren zu können. Es ist andererseits schlecht, denn unreflektierte, fehlerhafte Muster erzeugen falsche Schlussfolgerungen. Das führt zu einem Verhalten, das viel Schaden anrichten kann.

Sein eigenes Selbst auf tiefer Ebene wahrzunehmen, ist Achtsamkeit. Es ist auch Achtsamkeit, seine unbewussten Handlungsmuster zu reflektieren, um sie zu verbessern. Die Hauptaufgabe der politischen Führungskräfte besteht darin, Entscheidungen zu treffen. Jedem Einsichtigen wird einleuchten, wie wichtig die Achtsamkeit für die Politik ist. Denn die Führungsebene trifft ihre Entscheidungen auf der Grundlage ihrer unbewussten Muster. Stellen wir uns einen von ihnen vor, der zu großer Macht gelangt ist, weil er sehr viel Charisma besitzt. Es wäre gefährlich für unser Volk, würde sich dieser Politiker nicht regelmäßig reflektieren und seine eigenen Muster kritisch untersuchen.

Der Weg der achtsamen Meditation ist für PolitikerInnen ganzheitlich zu empfehlen. Denn Fehlentscheidungen sind keine Ausnahme in unseren Parlamenten. Wir können schon heute davon ausgehen, dass bei jedem neuen Politiker, der oder die es an die Spitze schafft, früher oder später die Presse die zahlreichen Fehlentscheidungen offenlegen wird. Das scheint so häufig vorzukommen, dass es fast unausweichlich scheint. Ich glaube, es müsste nicht so sein. Wenn wir als Volk im Ganzen und die politisch Aktiven im Besonderen die Mediation in Achtsamkeit zu einem kulturelleren Phänomen machen, könnte sich die Häufigkeit der Fehlentscheidungen drastisch reduzieren. Denn für jedes Problem gibt es eine Lösung und endlich Politiker zu bekommen, die nicht so viele Fehler machen, wäre wünschenswert.

Der dritte Vorteil erschließt sich direkt aus dem zweiten. Die Rede ist von der Einsicht. Neben der Meditation in

Ruhe, welche den Stress reduziert; der Meditation in Achtsamkeit, um uns besser wahrnehmen zu können; gibt es noch die Meditation der Einsicht. Diese kennzeichnet den Buddhismus ganz besonders. Sie wird als die wichtigste Meditationsform auf dem buddhistischen Pfad beschrieben, kann aber erst dann praktiziert werden, wenn vorher die Ruhemeditation gelernt worden ist.

Einsicht bedeutet, das wahre Wesen der Dinge zu sehen. Der Buddhismus hat nichts gegen den naiven Realismus. Dennoch betont Buddha in seinen Reden immer wieder, dass die Dinge nicht so sind, wie sie auf den ersten Blick erscheinen. Das ist mit den Phänomenen der Natur so, genauso wie mit denen des Geistes. Wir müssen tiefer in die Dinge eindringen, um ihre wahre Natur erkennen zu können. Mit wahrer Natur sind hier die Prozesse ihres Entstehens gemeint, natürlich auch, wie sie sich in ihren Einzelteilen konstituieren und welche Auswirkungen sie auf die Umwelt haben.

Dieses Vorgehen klingt bereits sehr wissenschaftlich und tatsächlich wird der Buddhismus oft als die Wissenschaft des Geistes bezeichnet. Wer dazu mehr wissen will, kann sich gern durch den Abhidhamma arbeiten. Ich verspreche euch, dass er nicht enttäuscht werden wird. Wir können nur dann kluge Entscheidungen treffen, wenn wir wissen, wie etwas ist. Unwissenheit ist wie das Laufen in dichtem Nebel. Entscheidungen, die im Nebel des Geistes getroffen werden, können zwangsläufig katastrophale Folgen haben.

Genau zu sehen, wie die Dinge sind und zu verstehen, wie Entscheidungen sich auswirken, ist das Ergebnis vieler Jahre intensiver Einsichtsmeditation. Ich wünschte jetzt sagen zu können, dass es eine Abkürzung gibt. Aber weder gibt es eine Abkürzung, also fallt bitte nicht auf falsche Versprechungen rein, noch wäre es von Vorteil, wenn es eine Abkürzung gäbe. Denn Einsichten zu gewinnen, ist harte, geistige Arbeit. Ich halte harte Arbeit für sehr charakterbildend. Einen guten Charakter zu haben, ist ein unermesslicher und immer selten werdender Schatz.

Das Fazit könnte eindeutiger nicht sein. PolitikerInnen können mithilfe der Meditation zu besseren PolitikerInnen werden. Anders lässt sich das Potential, welches in der Meditation für die Politik steckt, nicht beschreiben. Ich hoffe, es werden immer mehr Politiker und Politikerinnen, die sich für den Weg der Meditation öffnen, um so bessere Politik machen zu können.

Mitgefühl

Buddha lehrt die Einheit von Weisheit und Mitgefühl. Da wir uns bereits die Bedeutung der Weisheit für eine gute Politik angesehen haben, ist es nur logisch, das auch für das Mitgefühl zu tun. Etymologisch zeigt uns dieses Wort bereits, was es von uns will. Es geht um das Mitfühlen. Das setzt einen anderen voraus, der fühlt, genauso wie eine extrem hoch entwickelte Empathiefähigkeit.

Die Fähigkeit, die eigenen Gefühle bewusst wahrnehmen zu können, braucht schon einiges an Reflexion. Doch die Fähigkeit, wirklich zu verstehen, was die Person einem gegenüber fühlt, ist noch einmal deutlich anspruchsvoller. Aber wir Menschen besitzen diese Fähigkeit. In der

Wissenschaft gibt es etwa die Altruismus–Empathie-Theorie, nach welcher die Entstehung der menschlichen Intelligenz hauptsächlich durch unsere Empathie begründet ist. Sie ist der große und wie ich finde viel logischere Gegenentwurf zur Fleisch-Theorie aus dem Zeitalter der Industrialisierung. Die Theorie besagt, dass sich unsere Vorfahren gegenseitig das Fell gesäubert haben. Daraus entstand die Handlungsdisposition, sich ernsthaft umeinander zu kümmern. Dies wiederum führte zu einer enormen Steigerung der Empathie. Das wiederum führte zu der Intelligenz, welche uns Menschen bis heute auszeichnet, denn sie war das Ergebnis des sich in den anderen hineinversetzens.

Kommen wir zurück zu der Frage, ob Mitgefühl oder in einem anderen Wort Empathie in der Lage ist, die politische Landschaft zu bereichern. Kategorisch wird jede:r BuddhistIn von vornherein zustimmen. Schließlich sind wir als Buddhisten vom Mehrwert des Mitgefühls überzeugt. Aber kann es auch für andere Politiker eine Bereicherung sein?

Was ist die zentrale Aufgabe einer Politikerin? Sie vertritt ihre Wähler. Setzen wir voraus, dass sie das wirklich ernst nimmt, dann stellt sich die Frage, wie sie das genau tun soll? Natürlich soll sie mit ihnen reden und Umfragen schalten und sie konsultieren. Aber in einer konkreten Situation, in der sie schnell eine Entscheidung treffen soll, wird ihr dafür kaum Zeit bleiben. Was ihr dann bleibt, ist sich einige ihrer Wähler und Wählerinnen vorzustellen, um sich in sie hineinzuversetzen. Sie überlegt, was sie wollen und wie sie ihren Wünschen gerecht werden kann. Genau dieses sich in die Wähler hineinversetzen ist Mitgefühl.

Wir sehen an diesem Beispiel, dass es ohne Mitgefühl sowieso nicht geht. Ich glaube, auf der Grundlage dieses Beispiels ließe sich sagen, dass die Fähigkeit, sich richtig in die Wähler und Wählerinnen einfühlen zu können, eine Voraussetzung ist, um gute Politik zu machen. Stimmt das, könnte es eine Lösung für das große Problem der letzten Jahre sein. Denn die Menschen sind unzufrieden. Sie fühlen sich im großen Stil nicht mehr verstanden und zwar in einem Ausmaß, wie es das seit der Gründung unserer derzeitigen Demokratien noch nie gegeben hat. Als Folge daraus werden die einen politikverdrossen; die anderen hingegen wenden sich extremistischen Parteien zu.

Besonders die Parteien aus dem Links–Rechts-Spektrum profitieren derzeit von der Unfähigkeit demokratischer PolitikerInnen, eine lebendige Verbindung zum Volk zu finden. Grundsätzlich halte ich jede Links–Rechts politische Handlung für antidemokratisch und unterstelle allen Menschen, die sich diesem Spektrum zuordnen, dass sie die Demokratie stürzen und eine Diktatur errichten wollen. Doch diese Erkenntnis löst unser gesellschaftliches Problem nicht. Aber Mitgefühl könnte es lösen.

Leider lernt sich tiefes Mitgefühl nicht über Nacht. Die Wahrheit ist, dass alle guten Dinge Zeit brauchen, während es meist die schlechten sind, die schnell funktionieren. Buddhistische Experten müssten sich hinsetzen und eine Palette von Übungen entwickeln, welche sich in den hektischen Alltag einer Politikerin einbauen lassen. Dann könnten sie schrittweise ihre Fähigkeit zum Mitfühlen ausbauen.

Grundsätzlich sind präventive Maßnahmen immer besser. Das gilt bei der Gesundheit und es gilt auch in der Politik. Letztendlich könnte man schon den Jugendlichen in den Schulen beibringen, wie sie gute Politiker werden und wie sie sich in ihre Wählerschaft hineinversetzen können, um sie bestmöglich zu vertreten. Jede gute Partei hat eine Jugendorganisation. Dort könnte das Thema Mitgefühl als Kompetenz für einen guten Politiker vermittelt werden. Sollte es eine buddhistische Partei geben, dann muss sie natürlich dem Mitgefühl einen zentralen Platz einräumen.

In der buddhistischen Literatur wird Mitleid bewusst als Gegensatz zum Mitgefühl definiert. Das ist vor allem für die europäische und die beiden amerikanischen Kulturen wichtig. Dem Mitleid wird unterstellt, stets eine Distanz zu wahren, die nicht nur nie unterschritten wird, sondern die auch von starkem Egoismus geprägt ist. Mitleid ist wie der Blick von oben auf das Opfer. Mitgefühl hingegen geht von einer Gleichheit aus. Das beruht auf der Erkenntnis, dass wir alle denselben Stürmen im Samsara ausgesetzt sind. Was meinen Wähler heute stresst, kann mich morgen stressen. Was ihm Kummer bereitet, kann morgen mir Kummer bereiten. Diese Einsicht verhindert, dass wir von oben auf den Wähler herabschauen. Es führt dazu, zu fühlen, dass wir wirklich alle im selben Boot sitzen.

Ein lebendiges Gemeinschaftsgefühl ist die Basis eines gesunden Volkes. Mitgefühl ist perfekt dafür geeignet, diese Basis stark und überlebensfähig zu machen. Ich glaube, Geld, Macht und Gier könnten das niemals. Selbst wenn das Volk unter ihnen weiterbesteht, so würden sich doch feste Fraktionen bilden, die unüberwindbare Gräben zwischen sich ziehen. Selbst wenn es ein Volk bleiben würde, so wäre es dann ein zerrissenes Volk und damit ein krankes.

Mitgefühl kann das zentrale Element einer gesunden Demokratie und einer Politik sein, die das Volk wirklich versteht und ernsthaft mit ihm verbunden ist. Derzeit kranken unsere Systeme, weil sich die Menschen von den Politikern und Politikerinnen immer weniger verstanden fühlen. Das trifft möglicherweise sogar zu. Die heutigen Parlamente vermitteln immer mehr den Eindruck, eine abgeschlossene Kaste zu bilden. Sie leben in ihrer eigenen Welt und finden keinen Draht mehr nach draußen. Echtes Mitgefühl kann dieser Draht sein für die PolitikerInnen, die bereit sind, sich auf diesen Weg wirklich einzulassen.

Gibt es Feinde?

Aus buddhistischer Sicht ist diese Frage extrem spannend. Laut Buddhas Lehre sind wir alle nur Wesen, welche verblendet durch die endlosen Weiten Samsaras irren. An einer Stelle in den Reden sagt Buddha, dass wer auch nur den kleinsten Funken Hass verspürt, wenn einer einem die Arme und Beine mit einer Säge absägt, dann gehört er nicht zu ihm.

Ich habe lange über das Beispiel nachgedacht. Denn ich würde extrem wütend werden, wenn mir jemand die Arme und Beine absägt. Dennoch will und gehöre ich zum Buddha. Nun, nach langem Überlegen kam ich zu dem Schluss, dass er sich auf die Menschen bezieht, die wie er das höchste Erwachen erlangt haben. Denn nicht mehr zu hassen ist eine Grunddefinition für einen erwachten Menschen. Daraus lässt sich der Schluss ziehen, dass es für Buddha keine Feinde gibt.

Für die von uns, die nicht erwacht sind, gibt es Personen, die wir als Feinde bezeichnen würden. Ihr Verhalten zielt bewusst darauf ab, uns zu schaden. Es ist feindlich gegen uns gerichtet. Möge ein Buddha diese Wahrheit transzendieren können, ich kann es nicht und ich weiß, die meisten Buddhisten können es auch nicht. Jemand, der unsere Mutter oder unseren Vater zu ermorden versucht, werden wir als Feind ansehen. Im letzten Jahrhundert wurden nach Hochrechnungen geschätzt drei Millionen Buddhisten von den Linken umgebracht, auch sie sollten wir als Feinde ansehen. Denn sie werden damit nicht aufhören, solange sie von ihrer irren Ideologie verblendet sind. Ähnliches ließe sich auch über Faschisten sagen.

Wie gehen wir als Buddhisten damit um? Da haben wir einerseits die direkte Anweisung unseres Lehrers Buddha Shakyamuni, niemanden zu hassen und alle mit liebendem Mitgefühl zu umarmen. Da haben wir auf der anderen Seite unsere Gefühle, die jeden als Feind kategorisieren, der oder die uns Gewalt antun oder uns unser Recht nehmen will. Die Lösung dieses Dilemmas ist schwierig. Doch solange wir diese Diskrepanz nicht auflösen, sind wir handlungsunfähig.

Wenn wir Politik machen, dann übernehmen wir die Verantwortung für die Menschen, die uns wählen. Wir haben faktisch keine Wahl, jene Menschen und Gruppen als Feinde anzusehen, die ihnen schaden wollen.

Allerdings gibt es eine Alternative und ich bin froh, dass es auch nicht–buddhistische Strömungen gibt, die das so machen, denn wir können jede Form von Feindschaft als vorübergehend ansehen. Was nichts anderes bedeutet, als dass wir die Menschen nicht kategorisch als Feinde einstufen, sondern nur solange wie sie aggressiv sind und uns Schaden wollen. Denn auch ein böser Kommunist oder Faschist kann von seinem Wahn aufwachen und wieder ein guter Mensch werden.

Buddha lehrte über den Kreislauf der Wiedergeburten. Diese Lehre ist das ontologisch tragende Element der buddhistischen Welt. Er erklärte uns beispielsweise, dass jeder Mensch, den wir treffen, uns schon unzählige Male in vorhergegangenen Existenzen begegnet ist. Übrigens muss das nicht unbedingt in menschlicher Gestalt geschehen sein. Im Laufe dieser vielen Leben haben wir uns viele Male gegenübergestanden. Dabei waren wir das eine Mal beste Freunde und das andere Mal blutrünstige Feinde, mal schenkten wir uns als Mutter das Leben, mal raubten wir es als Mörder. Das Bild von Freund und Feind ist in einer sich ständig verändernden Welt relativ.

Wer heute unser bester Freund ist, kann morgen unser größter Neider sein, der uns alles wegnehmen will. Der Feind von gestern sieht uns aufgrund eines Vorfalls plötzlich mit neuen Augen und wir werden zu echten Verbündeten. Diesem Wandel unterliegen wir alle, aber wir sind dem nicht hilflos ausgesetzt. Denn es gibt Ursachen, welche zu Freundschaften führen und dasselbe gilt für Feindschaften. Wenn wir weise sind, wird unser Ziel logischerweise darin bestehen, neue Freundschaften zu schließen und bereits bestehende zu verbessern, als auch Feindschaften aufzulösen oder zu verhindern, dass sie überhaupt erst entstehen. Dies entspricht der Auslegung des sechsten Gliedes des achtfachen Pfades, dem Samma Vayama.

Ein Mensch, der die Silas tief verinnerlicht hat und sie lebt, ist für eine Freundschaft besser geeignet, als jemand, der keine Tugend und Ehre besitzt. Diese Binsenweisheit war jahrhundertelang Allgemeinwissen. Damals hielten Freundschaften oft ein Leben lang. Heute ist diese Erkenntnis vergessen. Meine Schüler erzählen mir manchmal, dass der beste Freund der ist, der die härtesten Pranks gegen einen macht. Jeder Versuch, ihnen zu sagen, dass das Schwachsinn ist, scheiterte. Aber lange hielten ihre Freundschaften fast nie. In der Regel hatten sie sich schon zwei Jahre später komplett auseinandergelebt oder waren sich sogar spinnefeind geworden.

Solange das auf privater Ebene geschieht, hat es wenig Bedeutung. Sehen wir uns einige Regionen der Erde an, dann haben die Politiker dort kein Händchen dafür, sich Freunde und Verbündete zu schaffen. In ihrer Unfähigkeit, außenpolitisch Vertrauen aufzubauen, verwandeln sie die Situationen in Pulverfässer, von denen permanent die Gefahr einer Explosion ausgeht. Jüngst sind zwei solche Pulverfässer zu Kriegen ausgeartet und ein weiteres steht kurz vor der Explosion. Diese beiden haben bereits zu großen Verwerfungen auf dem Weltmarkt geführt. Etwa hat sich die weltweite Ernährungssituation signifikant verschlechtert. Auch immer mehr Lieferketten brechen infolgedessen zusammen.

In einer globalen Wirtschaft wirken sich kleine Konflikte auf das große Ganze aus. Es ist wie das Gleichnis mit dem Schmetterling und dem Tornado. Da können kleine Konflikte große Auswirkungen haben und den Menschen Probleme verursachen, die tausende Kilometer entfernt sind. Das führt dann zwangsläufig zu einer Erkenntnis: Wir müssen alle Spieler auf dem globalen Spielfeld zu Verbündeten und Freunden machen.

Fast alle werden mich jetzt für verrückt halten, wenn sie da rausgucken und sie sich die vielen streitenden Länder angucken. Wie sollten diese Länder, die aktuell Krieg gegeneinander führen, sich jemals versöhnen und dann sogar noch Verbündete werden? Aber das ist nicht so abwegig, wie es im ersten Moment klingt. Historische Beispiele zeigen, dass es möglich ist. Nehmen wir etwa die Deutschen und die Franzosen oder Israel und Deutschland. Diese Völker waren einst Todfeinde, aber heute sind sie Verbündete. Das war kein leichter Weg. Es hat sehr viel Anstrengung bedurft, es möglich zu machen.

Politische Feinde können zu Freunden werden. Es ist die Aufgabe der buddhistischen Politik, die Ursachen und Bedingungen dafür genau zu untersuchen. Wir müssen genau verstehen, wie diese Prozesse funktionieren, um sie rekonstruieren zu können.

Es steht zweifelsfrei fest, dass es eine Mammutaufgabe ist, alle Staaten dieser Erde auf Augenhöhe an einen Tisch zu bringen, um Freundschaft zu schließen. Aber welche Aufgabe könnte sonst von größerem Interesse für die Politik sein? Komparativer Vorteil, gegenseitige Hilfe, Austausch von Kulturgütern im Bildungsbereich und viele sportliche Wettkämpfe und das sind nur einige der vielen Vorteile, die es hätte, wenn wir alle auf Erden endlich Freunde werden.

Buddhistische Friedenspolitik

Himmlischer Frieden ist der übersetzte Name eines großen Bodhisattvas namens Shantideva. Er lebte vor ungefähr achthundert Jahren. Sein Schwepunkt war das Ideal des Bodhisattvas. Das sind Menschen, die sich um andere kümmern und die Verantwortung für die Welt übernehmen. Jemand, der sich für den Frieden einsetzt, übernimmt Verantwortung für die ganze Welt. Denn was könnte es für unser und das Überleben unserer Kinder Wichtigeres geben als den Frieden?

Frieden oder Krieg entstehen immer aus politischem Handeln. Anders lassen sich die letzten zweitausend Jahre nicht zusammenfassen. Wer also den Frieden will, muss in die Politik gehen. Wer den Krieg vermeiden will, muss politisch werden. Leider bedeutet diese Annahme auch, dass es Kräfte gibt, die aktiv den Krieg fördern. Anders lassen sich die vielen Kriege nicht erklären. Geistig gesunde Menschen können das nur schwer glauben. Aber schauen wir uns das Deutschland während des Zweiten Weltkrieges an, dann finden wir genügend Verrückte, die wirklich den totalen Krieg wollten. Die meisten von ihnen haben den Krieg nicht überlebt. Denn Krieg ist grausam.

Wir Buddhisten wollen Frieden. Wir wollen Frieden mit der Natur und den Menschen. Wir wollen mit allen in

Harmonie zusammenleben, das ist für uns Buddhisten der natürlichste Wunsch. Denn im Krieg wird Leid und Elend die Welt überschütten. Aber der Buddhismus ist dadurch definiert, dass sein Streben auf die heilsame Auflösung des Leidens ausgerichtet ist. Deshalb kann der Buddhismus immer nur den Frieden anstreben.

Politisch gesehen ist die Demokratie die, die am ehesten den Frieden anstrebt. Der Grund ist relativ simpel. In der Demokratie ist die Macht unter dem Volk gleich verteilt. Zwar haben wir einige Spinner mit kranken Sichtweisen, aber die Mehrheit der Menschen ist vernünftig. Ein vernünftiger Mensch will keinen Krieg. Dennoch gibt es Irre, die den Krieg wollen. Zuerst mag man das nicht glauben. Denn es ergibt keinen Sinn.

Menschen handeln nicht immer rational und logisch. Sie werden von ihrem Hass getrieben und tun schreckliche Dinge. Gehen wir ins Deutschland des Zweiten Weltkriegs, finden wir genügend Fanatiker, die den totalen Krieg wollten. Die meisten von ihnen sind im Krieg gestorben, was ihre Idiotie noch offensichtlicher macht. Auch wenn die Nazis besonders extrem waren, so sind sie dennoch keine Ausnahme. Menschen, die Gewalt verherrlichen, finden wir überall.

Es ist eine lange Spirale der Gewalt, die einem Krieg vorauseilt. Dabei spielen heutzutage die Medien eine immer größere Rolle. Auch bei den Nazis war es mit dem Volksempfänger, dem ersten Radio für das Volk, ein wesentliches Element, um die allgemeine Kriegsstimmung anzuheizen. Doch heute ist das viel umfassender. Das beginnt bei Rap-Videos, die das Morden verherrlichen.

Das hat dazu geführt, dass in Staaten wie den USA und UK die Kriminalität und Mordrate unter Jugendlichen traurige Höchststände erreicht hat. Mittlerweile hat diese Gewalt das einst so friedliche Schweden erreicht. Morde, welche es früher für Jahrzehnte nicht gegeben hat, werden in manchen Gegenden wieder ein regelmäßig auftretendes Phänomen.

Morde verherrlichende Rap-Videos sind nur die Spitze des Eisbergs. Es geht weiter mit Nazirock, Snuff-Videos und natürlich den vielen Propagandavideos, welche von Handys gemacht werden und soziale Netzwerke formen, die den Hass gegen Andersdenkende wieder zu einer Kultur machen. Irgendwann explodiert dann einer aus diesen Netzwerken und läuft Amok. Es ist völlig gleich, ob wir auf die einsame-Wolf-Strategie der Rechten oder die Selbstmordattentäter der fundamentalistischen Muslime gucken. Beides funktioniert unterm Strich gleich. Am Ende des Spektrums stehen die staatlichen Aufrufe zum Krieg. Derzeit ist es wieder einmal das rote China, das die Kriegstrommel schlägt. Wir erinnern uns an die Millionen Buddhisten, die von den roten Chinesen ermordet worden sind. Derzeit wollen sie sich eine Insel einverleiben, aber alle Experten wissen, dass das ihren Hunger und Blutdurst niemals stillen wird.

Was muss die buddhistische Politik angesichts dieser Propagandamaschinerie tun? An sich liegt die Antwort auf der Hand. Wir müssen Content produzieren, der genauso gut oder besser ist. Denn so könnten wir verhindern, dass all die Aufrufe zu Mord und Gewalt traurige Realität werden. Schaue ich auf die letzten Jahrhunderte zurück, dann haben die Buddhisten und Buddhistinnen in Asien eher auf eine andere Strategie gesetzt und sie ist voll in die Hose gegangen.

Sehe ich auf den großen Kontinent im Osten, dann finde ich eine Mentalität, Dinge erst angehen zu wollen, wenn man weise genug ist, um keine Fehler zu machen. Von der einen Seite betrachtet, ist diese Einstellung sehr edel und weise. Aber sie ignoriert eine entscheidende Tatsache. Denn während die angehenden Weisen in den Bergen und Klöstern sitzen, um Weisheit zu erlangen, sind die Narren trotzdem aktiv in der Welt. Sie handeln und warten nicht darauf, ehe sie klug genug sind, keine Fehler zu machen. Natürlich machen sie dann Fehler. Manche sagen, im großen Sprung nach vorn hat Mao Zedong über fünfzig Millionen Menschen umgebracht. Das ist möglicherweise der größte Massenmord der Geschichte. Er hat gehandelt und viele Fehler gemacht. Am Ende hat er Tibet erobert und die Entwicklung des Buddhismus dort gestoppt und über eine Million tibetischer Buddhisten umgebracht. Hätte diese Niederlage verhindert werden können, wenn die tibetischen Weisen exzessiv aktiv in der Welt gehandelt hätten?

Wir kennen die Antwort nicht, aber wir müssen diese Frage stellen. Wir wollen die Fehler der Vergangenheit nicht wiederholen. Lernen wir aus unseren Fehlern oder drehen wir uns im Kreis? Die erste deutsche Demokratie wurde von einem Kriegsflüchtling namens Hitler gestürzt und derzeit nehmen wir zigtausend antidemokratische Flüchtlinge auf und wundern uns, dass die Demokratie immer instabiler wird. Das gilt leider auch für den

Umweltschutz. Auch im Zeitalter der Industrialisierung ist den Leuten aufgefallen, wie stark die Umwelt verschmutzt wurde. Auch vor hundert Jahren wusste zumindest jeder Bürgerliche, dass Diktaturen zwangsläufig in den Krieg führen. Sehen wir uns die Gegenwart an, dann haben sehr viele nichts aus der Geschichte gelernt.

Samma Sati ist die Praxis der Achtsamkeit. In der weit verbreitesten Übung wird man sich des Körpers, der Gefühle, der Geisteszustände und den Dhammas gewahr. Diese Übung empfehle ich jedem. Aber abgesehen davon lässt sich auch achtsam mit unserer Geschichte und den aktuellen politischen Prozessen umgehen.

Die klassischen Übungen in Achtsamkeit richten sich nach innen. Das ist sehr gut. Denn um das Äußere transzendieren zu können, müssen wir erst innerlich reifen. Aber die Achtsamkeit beschränkt sich nicht auf die Innenschau. Der Blick nach außen kann auch bewusst sehr achtsam sein. Das kann heilsam sein und sehr viel Gutes bewirken. Denn warum passieren die meisten Probleme und Katastrophen? Mitnichten ist der Grund böse Absicht. Das trifft unter anderem auf den Klimawandel zu. Die Menschen haben nicht gesagt, dass sie jetzt so extrem viel konsumieren, um die Umwelt kaputtzumachen. Es ist passiert, weil sie sich der Folgen nicht bewusst waren, die ihre Taten auslösen würden. Dieses Bewusstsein ist das, was sich als das Ergebnis aus der Achtsamkeit beschreiben lässt.

In alten Übersetzungen wurde auch der Begriff der Wachsamkeit benutzt. An manchen Stellen finde ich ihn sogar besser als den Begriff Achtsamkeit. Definitiv passt er besser zur traditionellen deutschen Kultur. Wir müssen wachsam sein. Die Welt ist voll von Fallen. Es gibt Menschen, die nicht verstehen, dass das, was sie wollen, ihnen und uns viel Leid, Probleme und Schmerzen bringen wird. Sie halten ihre Überzeugungen, trotz gegenteiliger Beweise aus der Geschichte, für moralisch. Bei uns trifft das vor allem auf Rechtsradikale und radikale Muslime zu, die uns seit Jahren mit ihrem Wahn und ihrer Gewalt terrorisieren. Wenn wir politisch nicht extrem wachsam sind, stehen wir immer in Gefahr, ihre Opfer zu werden. Die vielen Terroranschläge der Muslime in den letzten Jahren haben schon jetzt das Bild Europas verändert.

Wachsamkeit ist ein politisches Gebot. Ich weiß, dass viele den Buddhismus als eine Oase in einer hektischen Welt betrachten. Vorübergehend ist das auch akzeptabel. Doch es hat nichts mit ernstzunehmender Spiritualität zu tun, wenn man sein Leben in einzelne Bereiche teilt, die voneinander getrennt sind. Es geht in der Spiritualität gerade darum, wirklich zu erkennen, wie alles miteinander verbunden ist. Deshalb ist es gar nicht möglich, sehr spirituell zu sein und sich vor der politischen Realität zu verschließen. Wer Buddhas Dharma langfristig als Flucht vor der Realität benutzt, wird nicht erwachen. Lasst uns deshalb wachsam sein, damit wir das bisher erreichte nicht wieder an Fanatiker und Extremisten verlieren!

Wieder zurück zur Achtsamkeit: Das Wort klingt weicher als sein wachsamer Platzhalter. Das ist gut. Sensibilität und Feingefühl besitzen mehr Macht, als man ihnen allgemein zutraut. Sie richtig zu benutzen, ist eine hohe Kunst, die man nicht mal schnell in ein paar Jahren lernt.

Aber wer sie beherrscht, kann sehr viel bewirken. Vor allem kann er heilen. Auch weil sie die Macht verleihen, Brücken zu bauen, um Gräben zu überwinden. Sie können verhärtete Fronten wieder aufweichen und zurück an den Verhandlungstisch bringen. Das sind einige unschlagbare Eigenschaften, die die politische Welt dringend braucht.

Wir wollen Frieden, weil es sich gut anfühlt und wir brauchen Frieden, weil wir sonst sterben. Was sind wir bereit, dafür zu tun? Denn eins steht fest: In dieser Welt gibt es nichts umsonst, auch nicht den Frieden! Ursachen bedingen Wirkungen. Die Komplexität des abhängigen Entstehens hat Nagarjuna in Perfektion dargelegt und ich empfehle jedem das Studium seines vierfachen Theorems. Aber selbst wenn wir nicht in die Hochphilosophie gehen, finden wir zahllose Beispiele aus unserem alltäglichen Leben, in denen klar wird, eine Ursache führt zu einer Wirkung. In der Lehre des Theravada Buddhismus wird dies als Kamma Vipaka bezeichnet, was in der westlichen Welt verkürzt als Karma bekannt geworden ist.

Es gibt ein kleines Sutta im Palikanon. Es heißt Metta Sutta und findet sich in der Sammlung der kurzen Lehrreden. In diesem Sutta geht es um den Frieden im Allgemeinen und im Besonderen um den Frieden des Geistes. Es beschreibt einige Eigenschaften, welche ein Mensch entwickeln muss, um friedlich leben zu können. Die ersten fünf Eigenschaften lauten: stark, aufrecht, gewissenhaft, freundlich und ohne Stolz. Sie geben uns bereits einen Kompass, falls wir uns fragen, wie wir zum Frieden beitragen können. Es werden dann noch einige Eigenschaften mehr genannt. Außerdem wird erwähnt, auf wen sich der Frieden beziehen soll. Ich werde das an dieser Stelle nicht vertiefen. Aber ich rate jedem von euch, sich das Metta Sutta zu besorgen und es auswendig zu lernen. Ich habe es getan und rezitiere es regelmäßig.

Also brauchen wir nur die Eigenschaften unseres Charakters aufzufrischen und schon bekommen wir den Weltfrieden? Ich wünschte, es wäre so simpel; wobei seinen Charakter zu ändern bereits eine schwere Aufgabe ist. Leider wird das nicht reichen. Das Netz aus Macht, Korruption und Dummheit, dass die Erde umspannt, ist komplexer, als sich das irgendeine von uns vorstellen könnte.

Sollten wir deshalb aufgeben, weil die Aufgabe zu groß ist? Nun, wenn wir aufgeben, hätte das einen erneuten Weltkrieg zur Folge. Das wäre wortwörtlich der Super-GAU. Denn auch wenn die Friedensbewegung der letzten Jahrzehnte ihr Ziel nicht erreicht hat, so haben ihre Taten positive Folgen gehabt. Egal, wie schrecklich und katastrophal alles wirkt, in Wahrheit könnte es viel schlimmer sein. Dass es nicht so ist, verdanken wir vielen mutigen Aktivisten, die weltweit tätig waren. Weil sie ihre Stimme erhoben haben, stehen wir nicht noch näher am Abgrund.

Würde ich mit etwas beginnen müssen, dann würde ich zuerst etwas gegen die grassierende Korruption tun. Dass so viele Menschen nur schlecht ernährt sind, trotz einer Überproduktion an Lebensmitteln; dass so viele Staaten nicht aus ihren finanziellen Krisen und der Armutsspirale herauskommen; dass viele Reformen scheitern; all das liegt hauptsächlich an der Korruption. In manchen

Ländern sind die öffentlichen Institutionen so sehr von korrupten Syndikaten infiltriert, dass dort weder die Stromversorgung noch eine gerechte Strafverfolgung garantiert werden kann. In diesen Staaten ist das einer der Hauptgründe, warum es dort eine der höchsten Mordraten der Welt gibt.

Aber der Kampf gegen Korruption ist schwer, weil sie so unsichtbar ist. Leichter und von jedem von uns umsetzbar, ist der politische Kampf gegen die Verherrlichung von Gewalt. Buddha hat gesagt, dass es neben der physischen Nahrung aus Lebensmitteln auch noch geistige Nahrung gibt. Mit dem, womit wir unseren Geist füttern, prägen wir unsere Gedanken. Beschallen wir uns pausenlos mit aggressiven Liedern, werden wir aggressiver. Schauen wir die ganze Zeit Pornos, werden wir notgeil und verlieren die Kontrolle über unsere sexuellen Triebe.

Der Anstieg der Jugendkriminalität bezeugt eindrücklich, wie sehr Medien unser Verhalten beeinflussen. In meiner Generation wurde vor allem der Konsum von Drogen und Alkohol verherrlicht und wir waren dementsprechend schlimm. Heute geht es in vielen Songs und Musikvideos um die hemmungslose Verherrlichung materieller Dinge, schamloser Habgier und dass es okay ist, sich diese Dinge auch mit Gewalt zu holen. In manchen Ländern wie den USA und im UK hat das dramatische Ausmaße angenommen. Aber auch in so ruhigen Ländern wie Schweden eskaliert die Situation und es gibt immer mehr Mörder, die noch Teenager sind.

Dieselben Medien, die unsere Kinder durchdrehen lassen, wirken sich auch auf uns Erwachsene aus. Zwar können wir viel besser reflektieren, aber zu glauben, dass wir vor den negativen Folgen immun wären, ist naiv. Vielleicht werden wir keinen umbringen, aber die weit verbreitete unterschwellige Aggression bedingt sich sicher zu einem erheblichen Teil aus dem Konsum gewisser Medieninhalte.

Es spricht nichts dagegen, einfach Stopp zu sagen. Ich habe seit einiger Zeit aufgehört, zuhause fernzusehen, weil ich meinen Geist nicht mit Gewalt und Oberflächlichkeit vollstopfen will. Ich habe nicht das Gefühl, dass ich dadurch etwas verloren habe. Tatsächlich fühle ich eher, dass sich meine Lebensqualität verbessert hat. Jeder kann dieses Selbstexperiment ausprobieren und testen, wie ein Leben ganz ohne Fernsehen aussieht. Definitiv ist es gut, Gewaltdarstellungen keinen Raum zu geben, damit sie sich nicht als akzeptable Realitäten manifestieren können. Der Gewalt, den Gewaltdarstellungen, den Verharmlosungen von Gewalt und Gewaltaufrufen keine Aufmerksamkeit zu schenken, ist etwas, das jede:r von uns tun kann, um so einen Beitrag für ein Leben frei von Gewalt zu leisten.

Frieden entsteht aus Ursachen. Die buddhistische Politik muss diese Ursachen analysieren und sie dann erzeugen. Im Palikanon und den Sutren hat Buddha viel zu dem Thema direkt und indirekt gesagt. Wenn wir die Texte intensiv studieren, kommen wir dem Friedensziel näher, indem wir das Wissen und das Verständnis, wie Frieden realisiert werden kann, vermehren.

Es gibt sehr viele Möglichkeiten, zu einer friedlicheren Gesellschaft beizutragen. Denn Gesellschaften können heilen und friedlicher werden. Dieser Tage erleben wir hier das Gegenteil. Die Gewalt nimmt wieder signifikant zu.

Woran liegt das? Aus buddhistischer Sicht ist die Antwort simpel: Weil wir die Ursachen für ein friedliches Land nicht gesät und die Samen des Hasses und der Aggression nicht am Wachsen gehindert haben, ist die Gewalt zurückgekommen. In anderen Staaten sehen wir, dass es noch viel schlimmer werden kann. Deshalb ist jede:r der oder die nicht Opfer von Gewalt werden will, sich selbst gegenüber verpflichtet, aktiv etwas gegen Gewalt, Hass und Krieg zu tun.

Der achtfache Pfad

Was ist Buddhismus? Die Antwort ist einfach. Buddhismus ist die vier edlen Wahrheiten und der achtfache Pfad. Man könnte alles von der Kultur des weltweiten Buddhismus wegnehmen und nur das lassen und es wäre immer noch Buddhismus. Aber würde man den Buddhismus weltweit so lassen und nur die vier edlen Wahrheiten und den achtfachen Pfad wegnehmen. Es wäre kein Buddhismus mehr. Die Vier und die Acht sind so essentiell, dass niemand, der sie nicht auswendig kennt, von sich sagen kann, bisher überhaupt einmal ernsthaft Buddhismus praktiziert zu haben.

Nur wenn die Vier und die Acht das Zentrum der buddhistischen Politik werden, kann sie buddhistisch genannt werden. In den vier edlen Wahrheiten geht es darum, das Leiden loszuwerden. Das ist ein höchst politisches Anliegen. Denn was Politik in der Regel macht, ist Probleme zu lösen, die in Volk und Staat viel Leiden verursachen. Dieser Tage hört man extrem viel Gejammer. Es scheint, die Politik ist aktuell nicht sehr erfolgreich. Vielleicht fehlt ihr einfach nur ein guter Plan. Die Vier und die Acht wären ein solcher Plan. In den vier Wahrheiten geht es um ein vierteiliges grobes Schema, welches dann durch den achtfachen Pfad konkretisiert wird. Wenn man darin ein tiefes Verständnis erlangt, lässt es sich auf jede einzelne Situation anwenden.

Die erste Wahrheit besagt nichts anderes, als dass es Leiden gibt. Das klingt banal und wie eine Binsenweisheit. Aber es ist weder das eine noch das andere. Ich halte es für eine der weisesten Erkenntnisse der gesamten Welt. An einem Beispiel wird das leichter nachvollziehbar. Nehmen wir eines der größten Probleme der Weltpolitik: die Korruption. Sie ist wahrscheinlich der Hauptgrund für innerstaatliche Misswirtschaft und eine der Hauptursachen für die weltweite Armut. Wir könnten nach Venezuela und Südafrika schauen, wo sie das Land in den Abgrund gerissen hat. Aber wir brauchen nicht so weit zu gehen; ein Blick nach Griechenland reicht völlig aus. Das Land hat die größte Wirtschaftskrise der EU ausgelöst und jeder, der sich nur ein bisschen mit Ökonomie auskennt, dem wird klar sein, dass die Korruption in Griechenland eine der Hauptursachen, wenn nicht sogar der langfristige und echte Hauptgrund für die ökonomische Krise gewesen ist.

Wer nicht erkennt, wie viel Leid Korruption auslöst, wird kein Problem damit haben. Doch das Phänomen der Korruption verdirbt eine Gesellschaft so tiefgründig, dass es jede echte Reform unmöglich macht. Nicht zu sehen, um wie viel größer der wirtschaftliche Schaden für ein

Land mit viel Korruption ist im Vergleich zu wenig Korruption, erzeugt neues Leid. Deshalb bezieht sich die erste edle Wahrheit Buddhas auf die Wahrheit des Leidens. Indem wir erkennen, dass Korruption Leid ist, setzen wir diese Wahrheit in die Realität um. Dasselbe können wir mit der Akzeptanz des umweltverschmutzenden Konsums tun oder der Zwangsehe, die gerade in Europa ein kleines Revival in bestimmten sozialen Gruppen erlebt.

Die Probleme zu sehen, wäre nichts anderes, als die erste edle Wahrheit Buddhas zu leben. Derzeit erleben viele extremistische Parteien einen Aufschwung, weil die Politik es nicht schafft, die Probleme der wählenden Bevölkerung zu erkennen. Diese Extremisten tun das, auch wenn die Lösungen, welche sie anbieten, zweifelsfrei alles noch schlimmer machen würden. Eine buddhistische Politikerin muss also damit beginnen, die Probleme zu sehen, die wirklich da und die für das Volk relevant sind. Denn das ist der erste Schritt des Buddhismus.

Die zweite edle Wahrheit beschäftigt sich mit den Ursachen, aus denen Krisen, Probleme oder wie es buddhistisch ausgedrückt wird, aus denen Leid entsteht. Der zweite Schritt der buddhistischen Politik ist die Ursachenforschung. Warum sind so viele Menschen arm und warum sind all die Programme, Initiativen und Strategien, die etwas dagegen tun wollten, gescheitert? Nun, ich habe mir die Welt ganz genau angesehen, gefolgt vom Fundamentalismus auf Platz zwei, ist der Hauptgrund die weltweite Korruption. Sie ist die Nummer eins Ursache für die weltweite Armut. Laut Buddhas Theorie kann man nichts gegen das Leiden und die Probleme tun, solange man die Ursachen nicht kennt. Heutzutage ist uns diese Methodik leicht verständlich, denn sie entspricht dem wissenschaftlichen Paradigma. Aber damals und in vielen ungebildeten Weltregionen ist so eine Aussage schon außergewöhnlich. Buddha hat übrigens immer wieder gesagt, dass Gier eine der drei Hauptursachen für alles Leid ist, welches es auf der Welt gibt. Korruption entsteht letztendlich aus Habgier. Also wäre die Ursache für die weltweite Armut die ausufernde Korruption und für die wiederum wäre die Gier die Ursache.

Natürlich haben wir keine Wahl und müssen uns um die Symptome kümmern, auch wenn wir die Ursachen noch nicht kennen. Doch es wird das Problem niemals lösen können. Solange die Ursachen weiterhin wirken, werden sie neue Symptome hervorrufen. Deshalb ist der einzige Weg, langfristig etwas gegen die weltweiten Krisen zu tun, nach den Ursachen zu suchen. Schauen wir uns an, wie viel wir in den letzten Jahren erforscht haben, dann glaube ich daran, dass wir alle Ursachen für die aktuellen Probleme identifizieren können.

Was machen wir, wenn wir die Ursachen für die Probleme identifiziert haben? Buddha gibt uns hier in der dritten edlen Wahrheit eine klare Antwort. Diese dritte Wahrheit beschreibt, wie das Leiden aufgelöst werden kann. Buddha geht ähnlich vor wie ein guter Mediziner. Er sagt, dass wenn wir die Ursachen auflösen, dann wird das Leiden verschwinden und die Probleme sich auflösen. Würde sich die Armut in dem Maß verringern, wie die Korruption sich verringert? Ich vermute es, denn die Korruptionsrate ist in den reichen Ländern tendenziell geringer als in den ärmeren.

Nehmen wir als Beispiel Südafrika. Kriminelle Syndikate plündern seit vielen Jahren den staatlichen Stromkonzern aus. Manche sagen, der Schaden beläuft sich auf fünfzig Millionen Euro täglich. In einigen Regionen dort fällt der Strom regelmäßig für mehrere Stunden aus. Natürlich führt das dazu, dass dort nur eingeschränkt gewirtschaftet werden kann. Egal ob es der vielseitige Einzelhandel, die Landwirtschaft oder das produzierende Gewerbe ist, sie alle haben Umsatzeinbußen, wenn der Strom ausfällt. Würde die Korruption besiegt und der Strom wieder sicher fließen, könnte das die beste Basis sein, um langfristig Wohlstand zu schaffen.

Buddha lässt uns an dieser Stelle nicht stehen. Er gibt uns einen Fahrplan. Denn die ersten drei Wahrheiten werden jedem normalen Weisen oder Wissenschaftler auch nach einiger Zeit bewusst. In seiner vierten edlen Wahrheit gibt uns Buddha eine umfassende, nachhaltige und tiefgründige Anleitung, wie wir die Ursachen des Leidens auflösen können. Buddhas Anleitung ist universalistisch und so formuliert, dass sie jedes Kind verstehen kann, aber selbst der klügste Mann nicht zu einem Ende in der Analyse ihres Verständnisses kommen wird.

An dieser Stelle treffen sich die vier und die acht. Denn die vierte Wahrheit lehrt nichts anderes als den achtfachen Pfad. Er ist die vierte Wahrheit. Die vier edlen Wahrheiten bestehen also aus drei Wahrheiten und einem Pfad. Die vierte Wahrheit ist der Pfad. Denn wir sind hier an diesem Punkt im Leben, an dem wir Leiden, Sorgen, Probleme und Ängste erleben. Doch es gibt einen Punkt, den wir erreichen können, weil Buddha ihn auch erreicht hat. Dort werden wir völlig frei von Leiden, Sorgen, Problemen und Ängsten leben. Der Fachbegriff für diesen Zustand ist das Nirvana. Buddha selbst erreichte das Nirvana im Alter von fünfunddreißig Jahren und er lebte über vierzig Jahre lang im Nirvana, bis er etwa im Alter von achtzig Jahren starb.

Aus acht Teilen besteht der Pfad, der in eine Welt führt, die frei von Leiden ist. Das ist die Aussage des Mannes, der den Buddhismus gestartet hat. Buddha war offen für den Diskurs und dennoch hatte er klare Positionen, von denen er nicht nur nicht abgewichen ist. Er konnte diese Positionen auch logisch begründen und hat in seiner Zeit jeden anderen Redner dialektisch besiegt. Seine zentrale Aussage ist, dass es einen Weg aus dem Leiden gibt. Das ist die Lehre des Nirvana. Sie beschränkt sich nicht auf ein einzelnes Wesen oder Individuen. Denn das Nirvana existiert als Möglichkeit für jedes Wesen in Samsara. Es ist also für den Einzelnen möglich, als auch für den gesamten Planeten.

Womit beginnt dieser legendäre achtfache Pfad: Es ist Samma Ditthi. Was bedeutet das für die konkrete Arbeit eines Politikers? Es meint in der buddhistischen Sprache, Dinge richtig zu sehen. Scholastisch wird gesagt, dass man erkennt, dass alles in Samsara dazu verdammt ist, im Leiden zu enden und dass nur der Dharma des Buddha einen Ausweg bietet. Für einen buddhistischen Politiker bedeutet es, die Weltlage richtig zu sehen. Wir müssen erkennen, was die sozialen Probleme genau sind. Was sind die zentralen Bewegungen auf der politischen Weltbühne? Wo muss zukunftsweisend investiert werden, um unsere

Wirtschaft in die richtige Richtung zu lenken? Das sind drei Fragen, die der buddhistische Politiker verstehen muss, um Samma Ditthi gerecht zu werden.

Das zweite Element des achtfachen Weges ist Samma Sankappa. Die Übersetzungen gehen in leicht verschiedene Richtungen. Für manche ist es das rechte Denken, für andere die rechte Absicht. Meinem Verständnis nach geht es um die Absichten und Entscheidungen, die wir treffen. Auch die klassische Übersetzung von Samma als "recht" ist in jüngerer Zeit sehr umstritten. Es böte sich auch an, Samma als vollkommen, total oder weise zu übersetzen. Dann wäre Samma Sankappa etwa die weise Motivation. Ich persönlich glaube, es ist gut, sich die Erklärungen für alle Übersetzungen anzugucken und sich dann selbst eine Meinung zu bilden.

Für die buddhistischen Politiker bezieht es sich zuerst auf die innere Absicht, alle ihre politischen Aktivitäten im Sinne des Buddha Dharma auszuführen. Es gibt viele Arten von Politik, aber nicht alles ist buddhistische Politik. Nur weil sich jemand für einen buddhistischen Politiker hält, muss er noch lange keiner sein. Will eine Politikerin wirklich buddhistische Politik machen, dann muss sie sich schwören, sich immer an die Silas und an Buddhas Prajna zu halten. Die Absicht oder Sankappa ist dann die rechte Absicht oder Samma Sankappa, wenn sie ihre Motivation, buddhistisch zu handeln, trotz aller Widerstände und gegenteiliger Einflüsse aufrechterhält.

Samma Vaca ist das dritte Glied des achtfachen Pfades. Das Kerngeschäft der PolitikerInnen ist das gesprochene Wort. Politiker halten Reden und führen Diskussionen, um sich bekannt und beliebt zu machen. Samma Vaca bezieht sich auf die vollkommene Rede. Dass es sie gibt, beweisen zahllose überlieferte Reden des Siddhattha Gotama im Palikanon. Buddhistische Reden müssen sich an zwei Richtlinien halten. Zum Ersten geht es um die Wahrheit. Wer bewusst eine Lüge verbreitet, hat den moralischen Rahmen buddhistischer Silas verlassen. Sich an die Wahrheit zu halten, ist mehr als nur eine Sila. Was anderes kann die Welt heilen und auf einen besseren Weg führen, außer der Wahrheit?

Zum Zweiten geht es darum, mit den Worten niemanden zu verletzen. Das wurde im Buddhismus oft bis zur Spitze getrieben, wenn nicht sogar übertrieben. Denn es kann auch auf Kosten der Wahrheit geschehen. Zuerst ist es absolut wichtig, mit unseren Worten niemanden verletzen zu wollen. Das gilt sowohl im Großen wie im Kleinen; das hat sowohl für die anderen Vorteile als auch für uns selbst. Niemand will beleidigt werden. Also warum sollten wir andere beleidigen. In diesem Zusammenhang ist es sehr interessant, dass häufig die, die am meisten beleidigen, auch die sind, die am meisten ausrasten, wenn man sie ebenfalls beleidigt.

Die Kunst der Rede ist uralt. Ob in der europäischen Antike oder zu Lebzeiten des Buddha, die Fähigkeit zu reden wurde hochgeschätzt. Wer die alten Texte studiert, wird schnell zu dem Schluss kommen, um wie viel kultivierter es damals zugegangen sein muss. Heute wird man leider schnell billig und schlägt unter die Gürtellinie. Das hat es zwar auch früher schon gegeben, aber damit konnte man nicht zum Anführer einer Volkswirtschaft werden. Wer seine Worte benutzt, um anderen Schmerzen zuzufügen, wird mentale Schmerzen ernten. Das ist das Gesetz, wie es einst im Abhidhamma erklärt wurde. Eine buddhistische Politikerin soll sich trotz fieser Gegner an die Regeln buddhistischer Rede halten und mit Tugend und Einsicht überzeugen.

Obwohl das Kerngeschäft der Politik die Rede ist, so ist Samma Kammanta für einen seriösen Politiker und eine glaubwürdige Politikerin noch wichtiger. Dieses Samma Kammanta umfasst alle Handlungen, Aktionen und Taten. Das hat im Buddha Dharma viel mit Integrität zu tun, also mit der Übereinstimmung von Idealen und tatsächlichem Verhalten. Diese Eigenschaft ist wahrscheinlich der Diamant unter den Eigenschaften eines Menschen. Wir alle sind es schließlich leid, ewig die Versprechungen der Politiker zu hören und dann zu erleben, wie es nur leere Worte und heiße Luft waren.

Im traditionellen Buddhismus bezieht sich Samma Kammanta natürlich auf die fünf Silas. Das erste Sila besagt, dass wir alles Leben schützen und niemanden umbringen sollen. Da in der Mehrheit der Staaten der Erde die Todesstrafe abgeschafft worden ist und Millionen Menschen vegan geworden sind, zeigt es, dass es politisch möglich ist. Das Zweite ist der Schutz des Eigentums und dass wir nicht stehlen sollen. Korruption ist definitiv eine heftige Form von Diebstahl, deren schädliches Potential deutlich größer ist als das einfacher Raubüberfälle. Im dritten Sila geht es um den heilsamen Umgang mit dem Geschlechtstrieb. Wir erinnern uns an den Präsidenten, der sich von seiner Praktikantin einen hatte blasen lassen.

Fehlverhalten in diesem Bereich kann das Vertrauen der Bevölkerung zerstören und dadurch wichtige Reformen ausbremsen. Im Vierten geht es darum, nicht zu lügen und die Wahrheit zu sagen.

Das fünfte Sila wird für viele das Schwerste sein. Es geht darum, keine berauschenden Dinge mehr zu sich zu nehmen. Im Buddhismus wird dem Geist die Eigenschaft zugeschrieben, alle Probleme lösen zu können. Das kann er allerdings nur im nüchternen Zustand. Auch mir ist es schwergefallen, komplett mit Drogen, Alkohol, Tabak und Koffein aufzuhören, aber am Ende hat es geklappt.

Das fünfte Glied des achtfachen Pfades hatten wir uns schon angesehen. Es ist Samma Ajiva und behandelt die Ökonomie. Wirtschaft ist eine Sozialwissenschaft und ihr wohnt das Potential inne, mehr soziale Probleme lösen zu können als jede andere Sozialwissenschaft. Natürlich ist diese Aussage gewagt und wird einige Leute gewaltig vor den Kopf stoßen. Aber meiner Erfahrung nach entwickeln wohlhabende Gesellschaften mit einem geringen Gini-Koeffizienten automatisch soziale Gerechtigkeit.

Samma Vayama bezieht sich auf die Energie, die Kraft oder die Anstrengung. Für fortgeschrittene Übende wird es für lange Zeit zum wichtigsten Glied des achtfachen Pfades werden. Denn nachdem die Grundlagen gelernt, die Texte studiert und die Rituale einstudiert sind, geht es vor allem um konsequentes Üben. Viele scheitern daran, weil sie glauben, es könnte mit mäßigem Üben in drei oder vier Jahren klappen, große spirituelle Erfolge zu erzielen. Das ist falsch und jede:r, der oder die das glaubt, macht sich lächerlich. Der Buddha muss von Natur aus ein spirituell

Hochbegabter gewesen sein. Dennoch musste auch er etwa sieben lange Jahre hart üben. Hart bedeutet in diesem Zusammenhang, dass er täglich viele Stunden ohne Pause geübt hat.

Traditionell meint dieses Glied vier Dinge. Die ersten beiden sind: Heilsame Dinge lernen und die heilsamen Dinge in unserem Leben, die es schon gibt, zu verstärken. Die anderen zwei sind: Die unheilbaren Dinge aufzugeben, die wir tun, und zu verhindern, dass wir anfangen, neue unheilbare Dinge in unser Leben zu lassen. Die Weisen sagen, diese vier Dinge wären das ganze spirituelle Leben. Wahrscheinlich haben sie recht.

Das legendäre Samma Sati ist das siebte Glied. Sati bedeutet Achtsamkeit und für seine Achtsamkeit ist der Buddhismus berühmt geworden. Sie findet sich in allen buddhistischen Schulen. Achtsam beobachten, was in der Politik passiert, um zu verstehen, warum es passiert, ist der Weg einer achtsamen Politik. Denn nur wer sich der Gründe bewusst wird, kann wirklich etwas bewegen. Die Dinge sind faktisch nie so, wie sie erscheinen. Das hat nichts mit Verschwörungstheorien zu tun, denn deren Art zu analysieren, ist faktisch immer geistiger Dünnschiss.

Das Netz der Maya, wie es in Indien genannt wird, um die Mehrschichtigkeit der Welt zu beschreiben, ist extrem komplex. Zudem weist dieses Netz viele unvorhersehbare Wechselwirkungen auf. Doch der Achtsamkeit und der Erkenntnis, die aus ihr entsteht, schreibt der Buddha die Fähigkeit zu, das Netz der Maya zu durchschauen. Damit wird Achtsamkeit zu einem sehr mächtigen politischen Instrument.

Samma Samadhi ist im Buddhismus noch berühmter als Samma Sati. Es ist die rechte Versenkung, vollkommene Meditation oder heilende Schauung. Weltweit steht für viele die Meditation synonym mit dem Buddhismus an sich. Sie hat das Bild des Buddha-Dharma nach innen und außen geprägt. Selbst der Buddha saß meditierend unter dem Bodhibaum, als er das höchste Ziel der Erleuchtung erlangte.

Fast könnte man denken, dass Meditation alles wäre, aber wer das glaubt, irrt. Es sind acht Teile, die den Pfad des Buddha ausmachen. Diese Acht sind alle gleich wichtig. Ihre heilende Wirkung entsteht aus ihrer Interdependenz. Zu versuchen, das eine von dem anderen zu trennen, hätte fatale Folgen. Das wäre wie eine Politikerin, die moralisch und vernünftig redet, aber ihre tatsächlichen Handlungen das Gegenteil sind. Sie hätte zwar nach dem Prinzip der Samma Vaca gehandelt, aber das Samma Kammanta hätte sie gebrochen. In der Endkonsequenz würde dann auch ihren Worten der Wahrheitsgehalt verloren gehen und sie nicht mehr Samma Vaca sein. Damit möchte ich nur zeigen, dass es unmöglich ist, einem Glied des achtfachen Pfades gerecht zu werden, wenn wir nicht zeitgleich nach der Vervollkommnung der anderen sieben streben.

Was für Vorteile bringt die Meditation den buddhistischen PolitikerInnen? Vordergründig sind es zwei Vorteile, die aus regelmäßiger Meditationspraxis entstehen. Zuerst ist es natürlich die Entspannung, das Entstressen und psychische Heilung. Buddhas Meditation kann durchaus als eine Art Selbstreinigung betrachtet werden. Die Welt ist voll von Gier, Hass, Neid, Angst, Zweifel und Stolz. Diese Dinge nehmen wir auf und sie beschmutzen unseren Geist auf eine gewisse Art und Weise. In der Konsequenz bedeutet es leider, dass wir anfälliger für psychische Krankheiten werden. Meditation kann zugleich Schutzschild als auch Medizin sein. Wohlgemerkt gilt das nicht für jede Meditation und auch nur bei regelmäßigem, am besten täglichem Training.

Als Zweites ist die Meditation auch ein Anker für den Herz–Geist, um sich zu sammeln. Sie gibt uns die Chance, auf tiefstem Niveau zu reflektieren. Mehr noch: Mithilfe der Meditation können wir lernen, über den Tellerrand zu schauen, wie es sonst mit keiner anderen geistigen Übung möglich ist. Selbstverständlich geht das nicht mit jeder Meditationsform. Sondern es müssen die geeigneten Formen aus dem Spektrum der Vipassana sein, die mehr Techniken beinhaltet, als sich selbst viele Fortgeschrittene vorstellen können.

Zu reflektieren und über den Tellerrand hinauszuschauen, wäre in der Politik dringend ratsam. Zudem lässt sich die Fähigkeit mitfühlen zu können, ohne dabei emotional auszubrennen, mit den entsprechenden Meditationsformen verbessern. Das sind unbezahlbare Eigenschaften. Für die Menschen, die Politik machen, um wirklich zu helfen und nicht nur wegen der Diäten, sind es die wichtigsten Fähigkeiten, die sie brauchen. Denn eine politische Wahl zu gewinnen, ist das eine. Gute Politik zu machen, ist etwas ganz anderes.

Fazit: Braucht unsere Welt die buddhistische Politik?

Ich wäre sehr froh, könnte ich einfach laut ja schreien. Natürlich würde die Welt von echter buddhistischer Politik profitieren. Es ist sehr wahrscheinlich, dass eine Politik, die sich an die Maximen des Buddha Dharma hält, eine gerechtere Sozialpolitik macht als jede andere politische Richtung. Leider ist die Sachlage nicht so einfach.

Würde eine Bewegung buddhistischer Politik anfangs die Silas streng einhalten und dem Prajna gerecht werden. Dadurch würde sie Aufmerksamkeit gewinnen und schnell wachsen. Mit jedem weiteren Wachstumsschritt wird es aufwendiger, aber nicht unmöglich werden, die Silas und das Prajna einzuhalten. Falls sie dann jedoch zu einem Massenphänomen wird, wird es enorme Anstrengungen benötigen, um das ethische Niveau hoch und die Klarheit des Verstandes rein logisch zu halten.

Die Dynamik großer politischer Bewegungen ist immer unvorhersehbar. Etwa schwillt der Konflikt mit dem Islam weltweit. Wir alle wollen Frieden mit ihnen, aber die ständigen Sprengstoffanschläge und Terrorangriffe sind schwer zu ertragen. Zugleich gibt es extrem viele Muslime, die in Frieden mit uns leben wollen. Aber der Graben, der zwischen uns entstanden ist, ist nun einmal groß und es ist schwer, Brücken zu bauen. Nichtsdestotrotz sind wir verpflichtet, zum Wohl der heute Lebenden als auch aller folgenden Generationen alles zu tun, um Frieden wahr und beständig zu machen. Hier kann die Lehre des Buddhas helfen. Denn die Weisheit, die er vermittelt, hat die Macht, den Hass zu besänftigen und die Gier zu zügeln. Dadurch schafft sie den Raum, in dem echter Frieden möglich wird. Deshalb kann buddhistische Politik eine sehr große Bereicherung für die Welt sein, solange sie sich immer streng an den Dharma des Buddha hält!